解夢大師200問

Dream Teller's FAQ 200

春之霖◎編著

在世俗道德倫理的壓迫下，使我們的個性思想長期被壓抑著，尤其是在清醒的時候，甚至意識不到自己的真實想法。

夢，是我們可以釋放這些看不見感情的最有效的方法之一，它比「酒後吐真言」來得更直接、單純。在夢中，任何事情都可能發生。

i-smart

智學堂
智慧是學習的殿堂

國家圖書館出版品預行編目資料

解夢大師200問 / 春之霖編著. -- 初版.
-- 新北市：智學堂文化，民101.07
面；　公分. -- (不求人系列；1)
ISBN 978-986-87982-5-0(平裝)
1.解夢
175.1　　　　　　　　101008768

不求人系列：01

解夢大師200問

編　　著 ─ 春之霖
出 版 者 ─ 智學堂文化事業有限公司
執行編輯 ─ 廖美秀
美術編輯 ─ 翁敏貴
地　　址 ─ 22103　新北市汐止區大同路三段一百九十四號九樓之一
　　　　　　TEL　（02）8647-3663
　　　　　　FAX　（02）8647-3660

總 經 銷 ─ 永續圖書有限公司
劃撥帳號 ─ 18669219
出 版 日 ─ 2012年07月

法律顧問 ─ 方圓法律事務所　凃成樞律師
CVS 代理 ─ 美璟文化有限公司
　　　　　　TEL　（02）27239968
　　　　　　FAX　（02）27239668

常識篇

043

概念篇

055

方法篇

074

心理篇

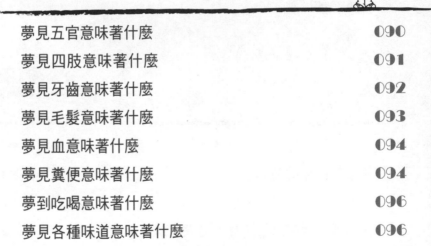

089

身體篇

098

健康篇

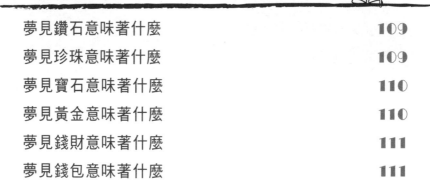

108

財富篇

住宅篇

交通篇

143

公共場所篇

150

生活用品篇

159

兵器篇

165

自然篇

183

植物篇

動物篇

人物篇

238

鬼神篇

245

生命篇

常識篇

睡夢的意義有哪些

　　夢是我們生活的一部分，在夢境裡，我們完全拋棄日常生活的框架，在夢的世界中遨遊。夢中的一切或使我們迷惑，或使我們驚喜。在夢中，任何事情都可能發生：遠在千里之外的父母來到了我們身邊；不同圈子的兩個朋友居然在談話；甚至離開人世的親人又出現在我們面前等。

　　夢的奧妙無窮，探索夢的奧妙是當代生命科學前沿陣地研究的領域之一。那夢到底是什麼呢？

　　《現代漢語詞典》解釋為：「夢是睡眠時局部大腦皮質還沒有完全停止活動而引起的腦中的表象活動。」

　　《簡明生物學詞典》解釋為：「夢是睡眠過程中出現的一種生理現象，表徵為複雜的、片段式的、有時是混亂的精神活動。」

　　《現代科學技術詞典》解釋為：「夢是睡眠或類似睡眠狀態下在意識中發生的一系列不隨意視覺、聽覺和動覺表象，以及情緒和思維活動。」

　　《簡明心理學詞典》解釋為：「夢是一種消極的不隨意想像，是缺乏第二資訊系統調節作用的順其自然而進行的想像。」

　　《簡明不列顛百科全書》解釋為：「夢是入睡後腦中出現的表象活動。對夢的本質認識各異，或認為夢是現實的反映、預見

常識篇

018

概念篇

043

方法篇

055

心理篇

074

身體篇

089

的來源、袪病的靈性感受，或認為夢也是一種覺醒狀態，或把夢視為一種潛意識活動……」

雖然古今中外致力於夢的研究者對夢的定義都有不少高見，但依然較難給「夢」下一個準確的定義。我們認為，夢是人在睡眠時，由於局部的大腦組織(大腦皮層)尚未完全停止興奮活動，從而引起的一種頭腦中的表象活動。一個人在夢境中的內容和他在清醒時候的意識中留存的生活印象有關，但是到了夢中，生活印象常常變得錯亂不清。所以夢的內容總是呈現混亂和虛幻的狀態，而且以想像或虛幻的形式表現出來。

人做夢的原理是什麼

人睡眠時，神經細胞被廣泛抑制，然而這個抑制過程是不完全的。因此，大腦皮層的某些神經還處於興奮狀態，從而產生了夢。可見，夢境是在大腦皮層少數細胞活動的情況下發生的。如果少數細胞的活動失去了覺醒狀態時的對整個大腦皮層的控制和調節，記憶中某些片段就會不受約束的復活，那麼人就會做千奇百怪的夢。如果在睡眠中，少數處於興奮狀態的細胞是大腦皮層某些與語言或運動有關的神經細胞，那麼，就會出現人們通常所見的說夢話、夢遊等現象。

夢是在人的睡眠中，尤其是在快速眼動睡眠時期神經活動的

結果。夢也是一種心理活動，是意識的某一個層面活動的結果。

　　按照佛洛依德的說法，人的無意識中包含了大量的觀念、想法、欲望和衝動等，這些觀念和想法，因為與社會倫理道德衝突而平時被壓抑在無意識中，個體無法察覺到。佛洛依德把人的心理比作一座冰山，人的意識是冰山露出水面的一角，無意識則是水面之下的部分。人的意識之中的內容雖然無法意識到，但可以透過這樣那樣的途徑表露出來，其中一個重要途徑就是夢。

　　夢是由一些刺激引起一些神經細胞活動的結果。佛洛依德在他的《夢的解析》中指出夢的刺激有四種：一是外部感覺刺激，二是內部（主觀的）感覺刺激，三是內部（客觀的）身體刺激，四是純粹精神來源的刺激。從當今的研究結果來看，夢境形成的因素是極為複雜的，是多種因素造成的。

 # 哪種睡眠狀態會產生夢

　　現代醫學研究發現，人在睡眠過程中會出現兩種狀態，正相睡眠和異相睡眠。這兩種睡眠狀態交替出現在睡眠過程中，如果你的睡眠是正常的，每天八小時，那麼這漫長的時間足夠兩種狀態的睡眠反覆三四次。

　　先談一談正相睡眠，專業名詞稱這種睡眠是不伴有眼球的快速運動，也稱非快速動眼期。在這一階段中，人的心跳速率會

常識篇

020

概念篇

043

方法篇

055

心理篇

074

身體篇

089

比清醒時慢許多，呼吸也隨之減緩，血壓下降，全身肌肉開始放鬆。

知道了正相睡眠後對異相睡眠的理解就容易多了，異相睡眠簡稱「快速動眼期」，也就是「夢睡眠」。相對於正相睡眠，異相睡眠中人會更加放鬆，甚至連最後的肌肉緊張都會減退，肌腱反射消失。但不同的是心跳速率、呼吸、血壓都會升高一些，醫學界認為，這種現象可以促進人體新陳代謝，此時人體的機能處於恢復狀態，包括人體腦蛋白組織等等，都在為第二天的能量恢復做準備。

那麼這兩種睡眠狀態和睡眠究竟有什麼關係呢？我們可以仔細分析一下正相睡眠和異相睡眠的循環過程。

人們入睡後會有大約九十分鐘的正相睡眠，這是預備做夢的階段，隨後便進入異相睡眠了，最初的異相睡眠只有五到十分鐘，儘管如此短暫我們卻能擁有很多的夢境。接下來的再次進入正相睡眠，正相睡眠的時間基本是穩定的，但異相睡眠的時間會逐漸延長，在整晚數次的異相睡眠中，最後一次是我們做夢最長的一次，可達三十到五十分鐘。

因此，我們時常會感覺到有時候做夢了有時候沒有做夢，或者是覺得夢斷斷續續沒有關聯，這很可能是因為正相睡眠和異相睡眠的交替在作怪。我們醒來時正巧處於正相睡眠狀態，所以是感覺沒有做夢的，相反，處於異相睡眠時醒來就感覺到在夢。當然，這只是一種解釋，夢境的神奇之處還有很多等待解釋的謎底。

**為什麼說做夢是一種
正常的生理和心理現象**

　　前面我們在討論睡眠的兩種狀態時就對睡眠過程中會出現的一些身體狀況做了仔細的分析。做夢是人體一種正常的生理和心理現象，如果不做夢那又意味著什麼呢？

　　科學研究者做了一些阻斷人做夢的實驗，檢測睡眠者腦電波，在他們進入睡眠時喚醒他們不讓他們繼續做夢。長期進行該實驗後，資料顯示破壞人正常的做夢狀態會破壞人體機能反應，如血壓、脈搏、體溫以及皮膚的電反應能力等等，而副交感神經系統機能被減弱，不良的心理反應頻頻騷擾，出現焦慮不安、緊張、易怒、感知幻覺、記憶障礙、定向障礙等等。顯而易見，睡眠品質的好壞直接是保證機體正常活力的重要因素之一。

　　人們在做夢時主要是大腦右半球活動佔優勢，而清醒時則是左半球占主導地位，因此一天二十四個小時，人類需要活動和睡眠，使醒與夢交替出現，可以促進神經調節和精神活動的動態平衡。因此，夢是協調人體心理世界平衡的一種方式，特別是對人的注意力、情緒和認識活動有較明顯的作用。

　　如果我們的睡眠過程真的不做夢，很可能意味著我們一直處於正相睡眠狀態，這時候人並非真正休息狀態。無夢睡眠不僅品質不好，而且還是大腦受損害或有病的一種徵兆。最近的研究成

常識篇

022

概念篇

043

方法篇

055

心理篇

074

身體篇

089

果亦證實了這個觀點，很多人睡覺不做夢可能是因為大腦調節中心受損，就形成不了夢，或僅出現一些殘缺不全的夢境片斷。如果長期無夢睡眠，就值得人們警惕了。當然，若長期噩夢連連，也常是身體虛弱或患有某些疾病的預兆。

 ## 刺激產生夢的因素有哪些

　　人睡眠時，神經細胞是處於抑制狀態的，但仍然有一些細胞會繼續活動，這些不安分的細胞促使夢的產生。正是因為少數細胞在活動，沒有規律性，因此我們所作的夢也是各不一樣的，沒有邏輯，很多片段性的夢境會出現。如果不小心活動的細胞是語言細胞或者是運動細胞，那麼就會出現夢話、夢遊的反應。所以，我們不能再認為夢是完全休息的狀態了，它是神經活動的一種，是由大腦皮層控制調節的。

　　人的潛意識中包含了大量的觀念、想法、欲望和衝動等等，佛洛依德很早的時候就指出了這一點，因為這些所謂的世俗道德倫理的壓迫，我們的個性思想長期被壓抑著，尤其是在清醒的時候，甚至意識不到自己的真實想法。這好比海上冰山，有的露出一角，有的則完全沉在海底。夢，是我們可以釋放這些看不見的感情的最有效的方法之一，它比「酒後吐真言」來得更直接、單純。

在《夢的解析》中，佛洛依德提出了四種可以刺激產生夢的因素：有的來自於外部刺激，比如各種感官觸覺。還有主觀上的想法思考，你的一個閃念都會導致夢的產生。還有就是身體刺激，撞擊、疼痛，都會反映出來。最後一種是純精神刺激。當然，當今科學家還在不斷挖掘研究，以期得到更多的內容。

科學釋夢與迷信有什麼不同

曾經有人認為，釋夢完全是一種迷信活動。甚至有些人乾脆把釋夢與算命相提並論，他們認為：「夢不過是人在睡眠時大腦所產生的一些亂七八糟的活動。100在夢裡人會飛，狗會說話，死去的人又活了，活著的人卻死了……全是假的，而企圖對這種虛無、荒唐的東西加以解釋，什麼問題也解釋不了。」

然而，科學釋夢與迷信不同。科學釋夢認為，夢與現實有著千絲萬縷的聯繫，是有意義的，只不過這個意義被深藏著，需要我們進行深入仔細的分析並加以解釋。夢雖然千奇百怪，但畢竟是人們的一種心理活動。既然是人的心理活動，就要遵循心理學規律，就可以運用心理學規律來解夢。顯然，這種解夢行為不是迷信。

夢是人在睡眠中的一種活動，它既不是鬼神給人的暗示，也不是靈魂出竅去做的與人本身無關的事情。因此，只有對夢進行

常識篇
024

概念篇
043

方法篇
055

心理篇
074

身體篇
089

科學的解析，才能揭示夢與現實生活之間的聯繫。

首先，我們應當認識夢的積極暗示意義。夢使我們不至於失去靈魂深處的自我，使人們潛意識的願望得到滿足。它還幫助人們與現實進行長久的抗爭。

其次，透過科學的釋夢，可以為做夢者消除緊張情緒，提供有效的幫助。如果人們不是沒完沒了的談論困難本身及其起因，而是對夢中的圖像進行加工處理，那麼就可能會更方便地克服工作和生活中的一些困難。

有人提出，釋夢會對做夢者的日常生活產生積極的影響。透過釋夢，人們學會怎樣正確對待夢境，十分有利於改善自己的生活方式。

 什麼是夢文化

古人常常將夢當作人的靈魂的表現，因為每個人都會做夢，而且夢的存在和靈魂一樣，伴隨人的一生，與之生，與之死。只要人的大腦的思維能力還在，夢就會長久不衰。不論尊卑貴賤，男女老少，大家都會做夢，只是夢的內容各有不同罷了。

說夢神奇，那是源於它亦真亦假的狀態，既司空見慣，又神祕莫測，既虛無縹緲，又真實可見。若說夢是幻覺，然夢中之人物事件醒後皆歷歷在目；若說夢是真實的表現，然醒後難找與

夢中人物事件完全一致者。「莊周夢蝶」的典故就是對這一事理提出的疑問。我們常說，日有所思，夜有所夢，有時夢中的人和事就是白天遇到的，有時甚至是即將發生事件的預兆。夢這麼神祕，令古往今來的人為之癡迷，而我們的祖先很早的時候就開始對夢進行記錄、分析，以此產生了夢文化。

夢文化是中國古代文化中不可缺少的重要組成部分，表面看來難登大雅之堂，但影響力卻極度廣泛，尤其是在民間，《周公解夢》即是流傳在民間的解夢之書。解夢是普通老百姓預測吉凶的一種方式，至今還有很多人深信不疑。

什麼是「周公解夢」

周公姓姬名旦，是周文王第四子，武王的弟弟，我國古代著名的政治家，因其封地在周，爵為上公，故稱周公。周公曾兩次輔佐周武王東伐紂王，武王死後周公攝政，輔佐武王的兒子治理天下，但從未有篡權的想法。

周公為了加強中央王朝對地方的統治，總結了前代的經驗，制定了冊封、巡狩、朝覲、貢納等制度，維護君臣宗法和上下等級的典章制度。周公確立了嫡長子繼承制，王位繼承必須以血緣為主軸，還有一系列嚴格的君臣、父子、兄弟、親疏、尊卑、貴賤的禮儀制度。

周公旦攝政六年後還政成王，他在封建禮教制度做出的貢獻為儒家學者所敬仰，周公提出的社會秩序正是孔子所追求的。孔子曾頻頻夢見周公，他以「吾不復夢見周公矣」之言，隱喻周代禮儀文化的失落。後來，周公被後人直接與夢聯繫起來，夢就成為「周公之夢」。因此，周公解夢中的周公，即是周公旦。

「周公之夢」被廣泛用於各種解夢文化中，其實並不是周公來解釋夢境，而是代指釋夢的學說。

 ## 「解夢先生」是一種什麼職業

中國最早的一本關於解夢的書，是西元前六○○年的《詩經》，書中解釋了各式各樣的夢。後來的解夢書列舉了一系列常見的夢境。今天，這些夢境仍然出現在我們的夢中：人、動物、各種物體、典禮儀式、神仙、花草樹木以及各種感覺和情緒。

在中國文化中，解夢先生傾聽做夢者的敘述後，為他們解說夢的吉凶。

解夢先生常常利用某一範疇的象徵來解說夢境。即使在今天，解夢這一行業在一些城市，如：香港仍然存在。

「夢兆」的說法可信嗎

　　天人合一、天地感應是中國古代人認識世界的哲學觀。夢兆的解釋和大量應驗的事實更讓人相信：夢是能夠預兆吉凶的。在殷商時代留給今人數不勝數的甲骨文中，絕大多數都是卜辭，夢兆吉凶的內容所占比例也為數不少。為什麼從古至今，人們相信或半信半疑夢確有預感的功能？對生存過分關注與對科學知識所知甚少應該是很重要的原因。

　　至今也有很多人相信，夢會給我們帶來某種暗示，事後還會經常得到驗證。我們必須會解釋這些暗示的意義，才可以知道夢預示著什麼。例如，夢見槍、長刀，是妻子生男孩的預兆；夢見鐵鍋，是妻子生女孩的預兆。在西方文化中，也有與此相同的觀念。例如《聖經》的《舊約》中埃及法老夢見七頭犍牛，隨後有七頭瘦牛出現並把犍牛吃掉。約瑟夫告訴法老，這預示著，將有七個豐年，隨後有七個災荒年，災荒年將把前七年的盈餘全部耗光。

　　預兆觀的基礎是原始人普遍存在的「感應」觀，認為天地、自然與人可以相互感應，也就是很多人類學家提出的「原始互滲律」。這種古老的觀念至今仍然存在，在我們接觸的人中有不少人仍然相信夢能預示未來。雖然他們在理智上往往承認這是一種迷信，但內心卻隱隱覺得這種說法也有道理。

常識篇
028

概念篇
043

方法篇
055

心理篇
074

身體篇
089

人生的未來，吉凶難測，不管你是一個怎樣的人，都無法洞察未來所發生的一切。當我們極力想弄清這一點又找不到答案時，於是有人去占卜算命，有人以夢預測吉凶，而更多的人則坦然面對，努力做事，老實做人，夢兆在這些人身上似乎就不再那麼靈驗了。

 ## 「夢境頓悟」是神靈相助嗎

要說人們在夢中也會有發明創造，似乎令人難以置信，但事實上還真有不少這種實例，說明很多科學家解決了懸而未決的難題。

美國技術員伊萊亞期・豪想造一台機器來縫製衣服，但在試製過程中，由於穿在針眼裡的線總是斷掉，試驗一直沒有成功。有一天，他做了個噩夢：他被捆綁在一根木樁上，一群非洲人手拿長矛圍著他又唱又跳，時而還將矛尖指向他。此時，他發現每個長矛尖上都有個小洞。

第二天醒來後，他把夢中所見與試驗聯繫起來思考，因此茅塞頓開，原來針眼的位置應該放在針尖上，難題迎刃而解，縫紉機宣告成功誕生。

愛迪生說過「我一輩子都夢見自己在發明」這樣一句名言。牛頓經常在夢中有所發現。笛卡爾在夢中想到數學與哲學相結

合，結果創立了一種新學科。羅孔諾夫的研究長期得不到突破，但在夢中發明了留聲機的蠟制圓筒。

關於在夢中為什麼能發明創造，有學者研究認為，主要有以下四方面的因素：

（1）科學家對某一問題，已經進行了相當充分的長期的艱苦研究，他們頭腦裡已經儲存了解決問題所需要的大量資訊，已經進入了「萬事俱備，只欠東風」的境地。

（2）科學家的大腦皮層上已經形成了解決問題的優勢興奮中心。做夢，就是優勢興奮中心的繼續與發展。換言之，在睡夢中，白天沒有產生的某一部位高級神經活動，在睡夢中會以另外一種方式繼續進行。於是，睡覺做夢，就成了白天科學研究後的一種轉化。

（3）科學家奇特的思維方式。由於科學家的理解程度與概括水準都大大的超過了一般人，能夠從夢境中受到啟發與鼓舞，沿著夢境的思維軌跡，容易找到科學研究的突破口。

（4）科學家有意識的對夢進行了「去粗取精、去偽存真、由此及彼、由表及裡」的提煉與深化過程。正是科學家對夢境採取了「揚棄」的科學態度，不是跟著夢境走，而是超越夢境，才借助夢境，獲得了成功。

所以，夢境頓悟是有科學根據的，並非人們所認為的「神靈相助」。

常識篇
029

概念篇
043

方法篇
055

心理篇
074

身體篇
089

常識篇
030

概念篇
043

方法篇
055

心理篇
074

身體篇
089

常用的解夢方法有哪些

其實，解夢都是有據可依的，掌握以下幾種解夢的方法，我們也可以成為一個解夢高手。

（1）夢是事實的反映

俗話說：「日有所思，夜有所夢。」有很多人做夢，夢後都說這夢是以前已經發生的事，或者以前曾做過的夢，現在竟然發生，事實與夢完全一致。所以說夢是事實的反映。這樣的夢不解自明。

（2）夢是上天對人的暗示

古人認為夢是天帝對人的暗示，是顯示吉凶的預兆，是天人對話與交流的一種方式。這種夢解析起來比較複雜。若你感知做了此類夢，可以參照《周公解夢全書》進行釋夢；若夢象不符時，再另請高明人士釋疑。

（3）夢是生命的自我暗示

我國醫學認為，夢與人體各部位的健康狀況息息相關，人體陰陽不調，氣盛氣衰，都可以致夢。所以根據不同的夢象，可以瞭解人體器官的健康狀況。從意義上說，夢是一種生命的自我暗示。

（4）別解

別解就是利用其他方術解夢。如：做夢後，可以用周易卜卦

的方法，占卜做夢的吉凶；或利用四柱八字，推算此階段的旺衰狀態，依此推得夢象的吉凶，旺者吉，衰者凶。

 # 夢的典故有哪些

從古至今，和夢有關的故事真是數不勝數了，今天我們就從時光隧道裡一一捕捉出來。

較早的夢的典故可追溯至黃帝時期，《列子・黃帝》記錄了一個華胥夢。說的是黃帝即位十五年後，白天睡覺做夢遊玩了華胥國，華胥國很遠很遠，坐車馬根本去不了，能夠遊玩全憑神遊。那裡沒有尊卑貴賤，老百姓都平靜淡薄，沒有過多的欲望，而且各個沒有病痛，簡直像過神仙般的日子。

莊周夢蝶的故事可謂家喻戶曉了。《莊子・齊物論》中寫道：「昔者莊周夢為蝴蝶，栩栩然蝴蝶也，自喻適志與！不知周也。俄然覺，則蘧蘧然周也。不知周之夢為蝴蝶與？蝴蝶之夢為周與？周與蝴蝶則必有分矣。此之謂物化。」意思是說，莊周有一天做夢夢見自己變成了一隻翩翩起舞的蝴蝶，非常快樂、悠然自得，並不知道自己就是莊周。後來，夢醒了，卻發現自己僵臥在床，並不是蝴蝶。所以，就有「不知是莊周做夢變成了蝴蝶呢，還是蝴蝶做夢變成了莊周」一說。莊子將生與死、禍與福、物與影的變幻無常以夢的方式呈現，說明世事的虛幻。

常識篇

032

概念篇

043

方法篇

055

心理篇

074

身體篇

089

　　小時候大人們常常講一個黃粱夢的故事，而這個故事早在唐朝就有文章記載了。唐傳奇《枕中記》就是黃粱夢的原版。故事說的是旅店中呂洞賓給了盧生一個枕頭睡覺，盧生在夢中享盡了榮華富貴，結果還是難逃一死，夢醒後發現店中黃粱還沒有煮熟。枕中記用來比喻人生虛幻，後又漸漸轉變成不能實現的夢想的代言。明代文學家湯顯祖曾據此寫成《邯鄲夢》一戲，故又稱「邯鄲夢」

　　「南柯一夢」應該不陌生吧？典出唐朝李公佐的傳奇小說《南柯太守傳》。南柯夢與枕中記有相似處，說的是淳於棼夢入大槐安國，招為駙馬，又拜為南柯郡太守。守郡二十載，甚有政績，大受寵任。後有檀蘿國軍來侵，淳於棼遣將迎敵，大敗。不久公主病死，淳於棼又遭國王疑忌，最終被遣回故里，剛入家門，乃蘧然夢覺。「南柯夢」意在諷刺竊據高位者，言其貴寵榮盛，乃是倘來之物，不可恃以傲物凌人，同時也宣揚了浮生若夢的思想。

　　我們常常用「夢筆生花」形容一個人文采極高，而這個成語典故出自五代王仁裕《開元天寶遺事・夢筆頭生花》：「李太白少時，夢所用之筆，頭上生花，後天才贍逸。名聞天下。」唐代偉大詩人李白在年輕時，詩文並不出色，有次夢見他案頭所有的筆尖開出了一朵朵鮮花之後，文思即大為長進，以致達到「斗酒詩百篇」的地步。

文學史上有哪些著名的浪漫之夢

占夢術似乎難登大雅之堂，但卻對文學的創作有著深刻的影響。古來多少文學大家在創作時以夢爲主題。在中國文學史上，產生過許多以夢爲題材的文學作品。最早的如《詩經》，就有寫夢的內容，曹植的《洛神賦》取源於一夢，而唐詩宋詞中也不乏夢的篇章，如李白的《夢遊天姥吟留別》，李賀的《夢天》，蘇軾的《江城子》。到了元明時期，以夢爲依託的戲曲更多了，如關漢卿的《蝴蝶夢》、《緋衣夢》、《西蜀夢》等。湯顯祖享譽世界的「臨川四夢」，可謂是夢的文學的興盛之作。他的四部作品《紫釵記》、《牡丹亭》、《南柯夢》、《邯鄲夢》都以夢爲主題線索，表現手法也充滿「夢幻」色彩，這在《南柯夢》和《邯鄲夢》中表現得尤爲強烈。

到了清代，曹雪芹的一部《紅樓夢》把夢的文學推向了巔峰。它描寫現實的同時，也盡力去塑造一個夢幻中的理想世界。現實與夢幻相互交錯，真真假假，讓讀者爲之沉醉！

現代文學家的藝術創作直接受到了明清時期的記夢小說的影響，在魯迅的《狂人日記》、郭沫若的《殘春》、茅盾的《子夜》中，都有不少對夢的描寫，他們透過寫夢來表現現實中的矛盾與問題。

常識篇
034

概念篇
043

方法篇
055

心理篇
074

身體篇
089

電影語言如何表達夢境

在古代，夢可以用文學來表示，文學中的夢也格外美麗，而到了現代社會，電影成爲了新的夢境表達方式。電影畫面性的表達語言和夢境有著相似之處，所以令人覺察不出是看電影還是做夢。

義大利導演費里科·費里尼的經典作品《八部半》是一部夢的電影。費里尼把夢稱爲「我們告訴自己的寓言和幫助我們瞭解自己的神話」，他說他在電影中力求創造「介乎幻想與現實之間令人拍案叫絕的模稜兩可」。因此在電影拍攝手法上經常有些地方故意將現實的終止和夢想的開始弄得曖昧，他的電影中有許多長得奇形怪狀的角色，佈景超現實而突兀，這些都不可否認是依靠夢境啓發得來的。而他的電影在螢幕上呈現出的色彩，非但是電影語言的一部分，也是爲了要表達「夢的概念與感覺」。

電影運用近乎魔術的手法玩弄影像於股掌之間，似乎是表達夢的最好方法。自然地，有些極負盛名的電影大師曾經利用夢發揮藝術的妙處。瑞典電影界巨人英格瑪·貝爾格曼的電影與夢的關係比費里尼更進一步。他一直用相同的演員，久而久之觀眾對他們的臉孔十分熟悉，以致成爲了一種「代表型」人物，當在看不同的電影時極容易混淆。正如一位評論家所說，他的作品整體上形成夢境重複的豐富畫面。貝爾格慢欣賞這個比喻，他說如果

觀眾發現他電影中的夢跟自己的夢境相近，那就是最好的溝通。其電影中夢的特質，不管是故事情節還是人物形象，保持著一種神像化，如同夢一般的演出。不過，貝爾格曼的作品不僅僅呈現了夢的畫面，對她來說拍攝電影和做夢一樣，是人生的本質之一。

 ## 東方文化怎樣看待夢境

相對於和神學密切相關的西方夢文化，東方的夢文化似乎更加理性些。我國的先民早就意識到夢的衝突性，夢為我們提供了一個新的世界，有助於我們重新認識自己。而古印度的智慧聖經《吠陀》對夢做了很多的討論。

《吠陀》寫於西元前一千年至一千五百年，書中已經把夢分為幸運的夢和不幸的夢，對夢的內容做了各種討論。他們認為人每天做的最後一個夢是最重要的，很有可能成為現實。同時，夢和人的性情有著很大的關係，開心的人會做開心的夢，不開心的人就會做抑鬱的夢。

 ## 中國夢學說經歷了怎樣的發展歷程

常識篇

036

概念篇

043

方法篇

055

心理篇

074

身體篇

089

　　有關夢的認識和處理，在我國歷史上，開始時稱爲「占夢」，後來又叫「解夢」。早在春秋戰國時期，官方和民間就十分重視解夢了，可以說在戰國時期有關夢的說明已經形成了一套理論。

　　原始人迷信夢是不自覺的，因爲他們有限的知識經驗無法提供對夢的合理解釋，隨著生產力的發展，人類的社會活動日趨頻繁，人們想要預兆的事情越來越多，於是從不自覺的接受夢兆轉化到自發的尋求夢兆，逐漸形成了占夢。在《詩經》、《內經》中都對夢的形成進行了精闢的論述，其中對後世影響比較大的有《周公解夢全書》、《搜神記》、《占夢書》等，當然這些都是從唯心的角度和觀點來認識和解釋夢境的，因此顯得十分牽強。

　　在皇甫謐《帝王世紀》中記載了黃帝占夢的故事，這是最早有關占夢的記錄。對占夢活動，具有可靠文字記載的資料，應該說是從殷商時期開始。在殷人的甲骨文字中已經出現規範的「夢」字，甲骨卜辭中記載了許許多多有關殷王占夢的文字。到了周朝占夢活動就更爲頻繁，武王伐紂時，就以夢見「成商必克」的夢鼓舞了人心。所以周朝設立了專職的占夢官，占夢成爲了專項職業。

　　秦漢以後的占夢現象發生了顯著的變化，有關占夢活動開始從官方的一種宗教信仰活動逐漸演變爲民間的一種世俗迷信。而隨著占夢活動的愈演愈烈，許多專門記載占夢的書籍出現了。有關夢現象的奇特作用的記述和借用夢境來進行的文學創作，則散佈見於各種正史和野史之中。

自元代開始，夢在戲劇上頻頻出現，有關漢卿的《蝴蝶夢》、《西蜀夢》、《竇娥冤》，馬致遠的《黃粱夢》，王實甫的《西廂記》等，夢的故事至今還感染著許多人。到了清朝，中醫醫療典籍中開始出現許多有關夢的記錄。乾嘉年間的醫學家王清任所著的《醫林改錯》一書中第一次把夢與腦髓疾病聯繫起來，儘管這一說法沒有得到後來醫學家的認可，但是對科學釋夢的進步意義重大。

 ## 西方人如何看待夢

在西方，對夢最早的記錄來自於亞述帝國的泥簡裡，這個文明古國的人們將夢的神祕延伸到了西元前六千年。亞述人認為夢是和魔鬼作抗爭的一種形式，只存在於睡眠中，不管這些夢的具體內容是好是壞，他們相信夢中的一切來自靈魂，甚至是來自地獄。

而埃及人相信夢來自神靈的啟示，認為是對做夢人白天一切行為的勸告，要謹慎得失，同時也能解答做夢人對生活的疑慮。埃及還有一座夢神廟，如今很多占夢、釋夢人都會聚集在那裡。

與埃及文明同列的希臘文明也有自己的夢的理論，他們把醫神阿斯克勒庇俄斯稱之為夢神，認為做夢和醫學有關。做夢是眼睛對身體靈魂的察看，可以藉此知道我們的內心世界和身體健康

常識篇
038

概念篇
043

方法篇
055

心理篇
074

身體篇
089

狀況。

 希波克拉底如何解夢

希波克拉底是西元前五世紀的希臘人，他又被稱為「醫學之父」，他所做的醫學研究為後人敬仰。除此之外，他一直對夢很有興趣，常常做些討論。希波克拉底認為夢是一種先兆，即「先進行的事情」，人體的各種病症可以在夢中得到察覺，比如夢見河流是因為泌尿系統有問題。

希波克拉底稱，人在睡眠時大腦不再受外界影響，因此能察覺到身體中微小的變化，能把白天儲存在大腦中而不被重視的資訊提取出來。儘管希波克拉底的理論已經有很強的科學意識了，但他還是認為夢和神靈啟示是有關的，占星術與夢存在著很大的聯繫。

 亞里斯多德對夢有哪些看法

亞里斯多德不相信人們睡眠是為了做夢，他打破了自然和做夢之間的聯繫，他認為做夢和人的身體有著密切的聯繫。

在亞里斯多德的理論中，睡眠是因為身體中的熱量進入了頭腦，在頭腦中聚集促成的，這就是人們為什麼總在飯後打盹。亞里斯多德撰寫了三本和夢有關的書籍，他說人做夢是睡眠者的心理活動，夢見火是因為被子太厚等等此類理論。

亞里斯多德的理論摒棄了夢源於神靈的觀點，他稱動物都會做夢，而這一觀點到了二十世紀中期才得到科學的證實。

 # 佛洛依德如何釋夢

佛洛依德可謂是夢的學說奠基石式的人物。他生於摩拉維亞，在維也納學醫，他從很多臨床病人的研究中得到了啟示，開始討論夢的形成。他一生寫下了許多和夢有關的書，如《釋夢》、《精神分析引論》、《論夢》等等。他在《論夢》中指出，夢的作用是維持睡眠，而不是影響睡眠。

佛洛依德發現病人們的心理暗示作用對於病體的恢復有著很大的作用，據此提出了意識和無意識的理論。他認為夢是用來調節人白天所經歷事物產生的影響，是人性壓抑後的一種釋放，這種釋放促成了人的睡眠形成。佛洛依德把人分為本我、自我以及超我，本我就是最本能的反應，因此欲望就不僅僅來自於身體器官的快感，它還受其他求生的本能、自我保護的本能等的影響。夢是自我和本我的交戰，所以佛洛依德認為夢是衝突中的本我欲

常識篇
040

概念篇
043

方法篇
055

心理篇
074

身體篇
089

望。

在佛洛依德的理論中，夢的來源有白天的殘念、各種身體刺激、童年的經驗以及人類歷史經驗，這些經驗和壓抑的欲望結合形成了夢。夢的內容分為顯夢和隱夢，而釋夢是透過對夢中意境的想像，剝去層層表象，從而揭示出夢的深層意義。佛洛依德稱隱夢所包含的無意識的衝動偽裝轉化成顯現夢中的內容才是真正的做夢的過程。

佛洛依德還提出，人之所以做夢是因為夢可以調節睡眠者白天所產生的影響，並可以保護睡眠不受侵擾，人做夢是為了能繼續睡眠。

在釋夢過程中，象徵作用有時可以幫助釋夢人節省許多的時間去解夢，因此需要釋夢人熟悉各種夢的象徵、夢者的相關情況和做夢前的情況，這樣才夠更全面，因為同一個夢境可能有多個解釋。

 什麼是榮格的夢學說觀點

榮格是佛洛依德的追隨者，他對夢的情感幾近瘋狂。他覺得夢是一種創造，因為無法確定夢的動因，究竟是生理需要還是一種外物推進。榮格關於「夢收集一種來自我們黑暗面的神祕資訊」的解釋與佛洛依德很不相同。

榮格認為，夢是獨立的，每個夢都有自己的意義，因此不能做系統闡釋，只能進行個案分析。另外，榮格將做夢人的生活經歷乃至種族因素都放到了釋夢所必須考慮的範圍，認定個人的無意識來自其族群的群體意識，這又進一步推動了夢的學說。

榮格認為夢是可以遺傳的，一個家族祖先所經歷的事件會在心靈乃至細胞上留下記憶，而這種記憶會傳承到後代身上，這樣一來後人就能具備前人的知識見解，而這種見解只在夢中出現。這種特殊的遺傳被榮格稱作原始痕跡。原始痕跡是抽象的，是一種隱約感覺，是傾向，這種傾向在夢中才能出現，而且極富形象性。前人的思想透過形象的事物傳達出來時，後人可能就無法理解了。

榮格認為夢可以顯示我們心中的原始人，這個原始人是世代祖先的遺傳。如果我們能做到仔細分析理解夢，就如同認識了許多「原始人」，那麼先人的智慧和經歷可以給我們極大的幫助。當然，不是所有的夢都有同等的價值的，有些夢只涉及瑣事，不大重要，而那些包含了原始人意義的夢則充滿神祕和震撼。

 ## 什麼是阿德勒的夢學說觀點

阿德勒是佛洛依德的門生，他和他的老師一樣，在夢的學說研究上開闢了自己的天地，他認為夢是自我欺騙和自我催眠。阿

常識篇

042

概念篇

043

方法篇

055

心理篇

074

身體篇

089

德勒把夢看做是人體精神活動的一部分,是用來激發自己的內在情緒的,平時不敢做的事情在夢中得到了實現。

　　在阿德勒的眼中,夢是白天活動的延續,白天一切的行為都有一個指向,而到了夢境裡這種指向會更加明確,會為將來要發生的事實進行一次預演。而對於夢的象徵和族群影響,阿德勒認為特定社會有特定的夢境內容,他相信夢中的內容都是從現實中借鑒來的。

概念篇

常識篇
016

概念篇
044

方法篇
055

心理篇
074

身體篇
089

什麼是清醒的夢

百變的摩爾莆神是「睡夢之父」，據稱能把我們帶入夢的世界，並使人從中獲得靈感。得到靈感就是「把生命吸進來」，原意指當你吸入第一口氣後，靈魂就來到身體之中。在這樣的夢裡，你會發現新的生活方式、新的思想，它們足以讓你的生活產生根本改變。很多充滿靈感的夢都是很清醒的夢。

所謂清醒的夢，是指我們能夠清楚的意識到自己在做夢，而不必等到醒來之後才對夢境進行追憶。在這種夢裡，任何事情都是可能發生的。你可以嘗試跟新的情人墜入愛河，可以嘗試刺激的體育運動(你在現實生活中絕對不可能去嘗試)，而且你知道可以隨時改變任何不喜歡的情節。清醒的夢展現了我們無限的創造力：我們能夠在空中飛翔、到太空探險；我們能夠解決生活中無法解決的問題；我們能夠治癒自己和別人的疾病；我們能夠創造理想的世界。在清醒的夢裡，我們能夠消除界限，進入意識中的更高層次。

什麼是神聖的夢

有些夢非常生動鮮明，幾乎使我們透不過氣來。醒來後，我們知道發生了一些不同尋常的事情，敬畏之情油然而生。這種夢我們永遠都不會忘記。

心理分析家榮格把這種夢稱為神聖的夢，因為這種夢能給人帶來神祕的感覺，而且具有命令的成分。做夢者醒後，常常覺得自己的行為受到夢的影響。榮格說，這種夢是「心靈寶庫中最珍貴的珠寶」。在本書中你將發現很多這樣的夢。

下列的這些項目可以幫助你辨認神聖的、可能帶來重大改變的夢：

比通常的夢清晰，讓你無法忘懷；

跟你平常做的夢不一樣；

促使你從一個全新的角度看待生活；

在面臨壓力或者危機的時候讓你保持鎮定；

在躊躇不前的時候給你前進的信心；

給你勇氣接受死亡或者損失；

給你帶來更強的精神動力，鼓勵你探索生活的意義；

讓你認識到自己巨大的潛力。

 **什麼是初始夢**

初始夢即指做夢者向解夢者陳述的第一個夢。這類夢往往以

常識篇
016

概念篇
046

方法篇
055

心理篇
074

身體篇
089

奇異、怪誕的特點而給夢者留下深刻的印象。這種夢往往較能反映出做夢者整個潛意識的情況。比如，有個女人曾對解夢者陳述了這樣一個初始夢：

她被關在一個籠子裡，籠子外站著老虎、野狼等猛獸，牠們都不懷好意，兇惡的看著她。經過解析，這個夢是反映了做夢者對自己本能的恐懼（野獸代表她自身某種不能馴服的本能）。

再如，有個男人的初始夢是：他夢到自己被關在籠子裡像小鳥一樣，雖然能夠盡情歌唱，卻無法自由的展翅飛翔。這個夢就表示出了，夢者想表現自己而受到各方面的限制與阻礙。

這兩個人的夢境雖然有差異，但都明顯的顯露出當時他們受壓抑的處境，而他們對這樣的處境又無法擺脫。

心理學家阿德勒曾研究認為，早期的記憶與夢具有同樣的意義，它也可以反映一個人的生活風格或是個性特點。

什麼是重複夢

重複夢是指那些在夢境中經常出現、內容相同或相似，或者同一主題的夢。無論是精神分析學家還是醫學家，都很重視這類夢。這類夢經常發生在具有各種身心疾患的人身上，常常是某種身體疾病的預示。從心理角度來看，它通常也是一生生活的主題、基調的表現，往往是瞭解他（她）不健康的心理癥結或他

（她）本人生活風格的關鍵。如一個十五歲的少女，生長在一個惡劣的環境中。父親是一個酒鬼，常常粗暴的毆打她，母親也作風敗壞，可憐的女孩經常缺吃少穿。從十歲起，她曾自殺過兩次，但都未能實現，從她記事起，她就常常做下面的夢：

她自己掉到一個大坑裡，非常害怕，想盡各種方法想爬出去，並且有幾次已經扒住坑邊，可是，這時有人走過來，踩住了她的手，她只好再鬆開手，又掉到了坑底。

上述的夢對於那個女孩來講，如果只出現過一次，還可以認為是夢者在特定困苦的環境中產生的恐懼，但若反覆出現，則很明顯的注定了這個女孩一生悲劇性的基調。

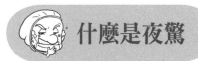 什麼是夜驚

你有沒有在睡夢中大叫一聲後驚醒過呢？這樣的夜驚實在不容易見到，但是一旦發生總是令人心驚膽寒。

夜驚比噩夢還糟糕，它不是發生在正常的快速動眼期中，而是發生在深度睡眠中，這對人的大腦休息很不好。兒童的夜驚比成年人要多得多，他們從發出叫喊到完全驚醒很可能有比較長的時間，大約在十分鐘醒來後甚至會頭暈，身體不適。夜驚的產生原因很可能是由於內心被壓抑的情感的爆發，兒童的情感雖然不及成人豐富，但是可能因為涉世過淺而對世事存在更多的擔心和

常識篇
016

概念篇
048

方法篇
055

心理篇
074

身體篇
089

焦慮，因爲不懂而害怕。

目前的科學證明，夜驚是有遺傳基因的，其更深的研究還在繼續。

什麼是噩夢

醫學家、心理學家及民間對噩夢的認識各不相同，醫學界的認識比較科學，認爲噩夢有三大特點：極度恐懼；胸口的壓迫感和重負感引起的窒息；一種絕望而又動彈不得的感覺。而第三種則不僅指一些可怕的夢境，並且也包括一些令人厭惡、令人焦慮沮喪的夢。因此，我們認爲噩夢有廣義與狹義之分。

廣義的噩夢即民間所謂的「噩夢」，狹義的噩夢指具有以上三個特點的噩夢，亦稱「夢魘」。不過，一般認爲，不論是廣義的噩夢，還是狹義的夢魘，都是夢者在生活上或事業上遇到大的麻煩的情況下產生的。

他們要麼總是隱隱地預感到，外界某個偶然的事件給他們帶來災難性的後果，要麼就是無意中觸動了自己內心的某些隱私，並爲此深感不安。對於噩夢要注意的是，它往往是正在迫近的精神崩潰的第一個預兆，或者是身體患病，尤其是出現心臟疾患的在廣義的噩夢中，還有一種被稱爲創傷夢。

雖然一般人都把它當做噩夢，其實它與噩夢有所不同。它往

往有明顯的原因，夢中的內容或多或少地再現了夢者經歷過的創傷事件。這種事件往往是一次突如其來的、完全出乎意料的可怕事件，如車禍、遭遇搶劫、地震、火災、水災、被人強姦等，這種夢應該歸屬於那種正常心理情況下產生的夢，可以解釋爲是爲了迫使自己去接受一個幾乎不能接受的東西。

不過它們雖然會重複出現，但隨著時間的推移，它出現的次數會越來越少，強度也會一次次減弱。只要減少神經刺激，就會慢慢地好起來的。

 ## 什麼是白日夢

有一種爲人們津津樂道的夢是白日夢。白日夢通常被人們認作是一種幻想，其最大的特點是可以超越現實，打破時空，滿足人們的某些心理需求，甚至會有無可替代的愉快感。

科學家發現偶爾做做「白日夢」是有益身心健康的。人們做白日夢時，腦部的活躍程度很大，如果所做的白日夢有正確的導向，還是有益身心健康，一些心理醫師已經在使用這種方法幫助心理疾病患者走出困境。

那麼白日夢究竟對心理健康究竟有哪些積極作用呢？

白日夢首先帶來的是無與倫比的快感，此時人體感覺是輕鬆愜意的。現實生活中，我們總要遵守各式各樣的社會規矩，接受

常識篇
016

概念篇
050

方法篇
055

心理篇
074

身體篇
089

各式各樣的拘束，這種被心理學稱作「人格面具」的事物給我們帶來很大的困擾。而做白日夢時我們就能拋棄這些面具，讓心緒變得更寬廣。當人們沉浸其中時，現實世界變得很遙遠，我們也不由自主的進入了一種夢幻般的陶醉狀態。

一旦思想開闊，人的潛能就極易被激發出來。我們白天遇到什麼百思不得其解的事情，白日夢說不定就能提供出答案。據說，巴爾扎克就常常與他小說中的人物對話，這種自言自語的白日夢狀態總讓他產生新的文思。很多發明也是先從白日夢開始的。

面對白日夢，我們要用正確的態度去認識。白日夢的確可以提供一個廣泛的審視空間，幫助我們更仔細全面的體察內心。另外，現實中總有自欺欺人的時候，而在白日夢裡恰恰可能會直接面對現實，迫使我們更加客觀的看待自己。當然，幻想畢竟不是現實，我們還是要克制非理性的幻想，只讓幻想成為生活的點綴。可以讓幻想錦上添花，但不能用幻想來織就生活的藍圖。

 什麼是性夢

性夢，也就是所謂的春夢，是夢見有性行為的夢，和上文提到古人總結的性夢不同。調查顯示約有百分之七十的人經常或有時夢見性活動，且男性多於女性。

先說說男性的性夢，男性在性夢中的情人都是些不認識或者僅是有一面之緣的女性，自己的愛人是極少出現在性夢中的。男性在性夢會有夢遺的現象發生，也就是正常性愛中的射精行為，但是做夢人自己是醒後記不得夢中的具體情節，所以男性的性夢總是虛幻，不真實的。

在以前，性夢被人們視作是可恥的，《紅樓夢》裡賈瑞就是死於過度的性夢。但實際上，對於成熟而未婚的男性來說，性夢是緩解性欲衝動的途徑之一。有些性夢是由於睡覺姿勢引起的，而白天接吻、擁抱的刺激也會導致性夢。醫學界認為男性精囊中精液的充積量較多時更容易導致性夢產生。

女性的性夢與男性相比有較大的差異。未婚女性的性夢往往錯落零亂，變化無常，很難有清晰的性夢。即使已婚的女性，能做真正的、清晰的性夢，並伴有陰道黏液的分泌，也不能起到洩欲的作用。女性在醒後大多能夠回憶起夢境的內容。

成年人有性夢是很正常的心理和生理現象，從醫學角度來說，性夢的發生與體內性激素量、性心理有密切關係。透過性夢，人體的欲望會得到發洩，這樣就可以緩解累積起來的性張力。因此，有性夢的人不必焦慮和羞怯，尤其是青年人，在青春期性成熟後出現性夢是很正常的，所以應順其自然，同時要把主要精力放在學習和工作上，避免過多的接受各種性資訊和性干擾。

常識篇
016

概念篇
052

方法篇
055

心理篇
074

身體篇
089

什麼是夢遊

　　夢遊和夢囈在原理上是一樣的，是人睡眠中的無意識活動，一般表現為在室內外行走，稍稍嚴重的可能會有一些簡單的活動。但不管怎麼樣，夢遊的人是沒有什麼表情的，對一些輕微刺激也不起反應，有時眼睛會呈半睜狀態，但很難被喚醒。人夢遊時所說的話，所做的事情可能別人難以理解，當然，小說、電影裡夢中殺人、夢中行俠仗義的事情也只是人們利用夢遊無意識的特點臆造出來的。

　　夢遊雖稱作是夢中行為，但事實上卻和做夢無關，因為夢遊是在沉睡階段發生的，此階段人不會做夢，因此把夢遊稱為在睡眠中的行走更合理。科學家對很多常年有夢遊習慣的人進行觀察，分析總結了夢遊的有關原因，主要有以下四項：

　　心理社會因素。有些人日常生活不規律，環境壓力過大，焦慮不安並伴有恐懼情緒。此外家庭關係不和，學習緊張及考試成績不佳等與夢遊症的發生也有一定的關係。

　　發育因素。兒童患有夢遊症的機率較高，很多追蹤調查顯示，年幼時夢遊的兒童長大後會逐漸恢復正常，這說明夢遊和身體發育也有密切聯繫。

　　睡眠過深。夢遊症常常發生在睡眠的前三分之一深睡期，如果白天過度勞累、連續幾天熬夜引起睡眠不足、睡前服用安眠藥

物等，會引起深度睡眠的進一步加深，很容易誘發夢遊。

遺傳因素。夢遊其實也是一種病症，而且有遺傳因素。科學家對此進行了調查，根據資料顯示，夢遊症患者的家族成員中多有陽性史，另外就是同卵雙胞胎患有夢遊症的機率遠遠高於異卵雙胞胎。

佛洛依德關於夢遊解釋具有哲學意味，他把人格分爲本我（本能和欲望）、自我（理智和意志）和超我（道德約束和良心）。本我通常都被自我克制著，但本我的力量無法克制時會衝破自我的警戒，做出出格的事情。佛洛依德認爲夢遊就是自我的展現，但是由於不受意識控制，所以是沒有責任的。

 ## 什麼是夢的象徵語

在我們的夢境裡，許多內容都是讓我們去「看」的，因此夢的語言則採用廣泛而又通俗的語言——象徵。這些象徵性語言，雖然世界各國的象徵性東西有著本質的區別，但是，仍然有許多人類共同語言的象徵。而我國的象形文字，就是最好的象徵。我們也許看到過早期的象形文字，那些字像一幅簡筆畫。比如，「水」字就像三道水波紋；「人」字就是像一個行走的人；「龜」字就像一隻在臥的烏龜。這些字畢竟不是畫，畢竟簡化多了。夢則不一樣，夢的「詞彙」則是一幅幅生動的畫卷，所以夢

常識篇
016

概念篇
054

方法篇
055

心理篇
074

身體篇
089

的象徵才是不折不扣的「象形字」。

夢的語言主要就是應用象徵的、動態的、電影般的畫面。只不過在夢裡，我們不說「張三膽小得像隻兔子」，我們在夢裡可能會直接夢到一隻兔子，這兔子有張三一樣的小三角眼。如果我們發現某個女人非常狡猾，並對我們產生了威脅，那麼夢是如何來表現這層意義的呢

這時夢會把這個美麗漂亮的女人帶進屋內，當我們轉身的時候，女人突然不見了，而在我們屋內的床上卻臥著一隻狡猾的狐狸。

一般來說，夢語如同其他語言一樣，也有自己的方言。夢方言可追溯到個人的閱歷、家庭史、感受、感覺。一個夢唯一確定、有效的解釋是自己的解釋，即使有時可以請其他講同一夢語的人來幫助，也還是以自己的解釋為主。

舉例來說，對於下列夢的解釋可以有不同的結果：

如果做夢者夢見自己搖著漁船，釣到一條巨大的魚，類似的夢境要視具體情況具體分析。我們首先來分析做夢者是不是漁夫，如果是，那麼夢境可能暗示了他的工作狀況。如果他不是漁夫，那麼就應該對他最近的生活狀況進行瞭解，再來解夢。這就表明，雖然夢具有共同的象徵性物，而對於不同背景的人來說，則具有個性化的意義。

方法篇

常識篇
016

概念篇
043

方法篇
056

心理篇
074

身體篇
089

 ## 解夢有哪些積極意義

　　對夢做了那麼多的討論，我們現在要面臨最現實的一個問題：我們爲什麼要解夢？什麼樣的夢可以解？什麼樣的夢對我們來說有意義呢？以前，解夢是迷信活動，而在現今科學理論的支撐下，解夢是不是真的就有理可循，是不是真的能解答一些疑問？

　　科學釋夢與迷信釋夢不同。科學釋夢認爲，夢與現實有著千絲萬縷的聯繫，是有意義的，只不過這個意義被深藏著，需要我們進行深入仔細的分析並加以解釋。夢雖然千奇百怪，但畢竟是人們的一種心理活動。既然是人的心理活動，只要遵循心理學規律，就可以運用心理學規律來解夢。顯然，這種解夢行爲不是迷信。

　　我們上述的種種討論說明，夢是有積極暗示意義的。夢使我們保持靈魂深處的自我，使我們潛意識的願望得到滿足，甚至還能幫助我們與現實生活對抗。透過科學的釋夢，可以爲做夢人消除緊張情緒，提供有效的幫助。只要我們對夢採取正確的態度，科學理智的面對它，解夢仍是一件很有意義的事情。

解夢方法知多少

常識篇
016

概念篇
043

方法篇
057

心理篇
074

身體篇
089

　　既然解夢不完全是迷信也有科學成分，那麼怎樣才能成爲一個真正的解夢人呢？解夢的法則和依據又都是什麼呢？現在，我們就舉一些例子。

　　俗話說：「日有所思，夜有所夢。」有很多人做夢，夢醒後會知道夢裡的事情是不是曾經發生過的，或者是以前的夢在今天應驗了。所以說夢是事實的反映，這樣的夢不解自明。夢是生命的自我暗示，我國中醫理論認爲，夢與人體各部位的健康狀況息息相關，陰陽不調，氣盛氣衰，都可以致夢。所以根據不同的夢象，可以瞭解人體器官的健康狀況。

　　當然，閱讀一些關於解夢的書籍是很有必要的，我們可以去其糟粕，取其精華，把有理可循的實際經驗應用到簡單的解夢上。如果遇到一些深奧難解的夢，我們則要請教高人了。畢竟，解夢的學術還是有其深層意義的。另外還有一種別解之法，就是利用其他方術解夢。在我國，解夢和術數聯繫密切，譬如周易卜卦此類占卜之法也是用來解夢的方式，不過現在越來越少有人相信其科學性了。

常識篇
016

概念篇
043

方法篇
058

心理篇
074

身體篇
089

 ## 中國古代有哪些解夢方法

中華解夢五千年，我國先民在解夢上總結了一套屬於我們自己的理論，現就介紹幾種常見的給大家。

直示法是根據夢境內容直接代表的意思去解夢，意向簡單。轉示法是將夢中變了形的內容轉換成表示夢意的方法，這個方法比較複雜。象徵法極易理解，但夢中事物具體象徵什麼，需要結合當地民情和傳統文化理論。連類法是把和夢中事物相關聯的東西聯繫起來用於解夢。諧音法更是常用的解夢方法之一，這點不需贅述了。反兆法，又稱反示意法，就是通常說的反夢。

另有拆字法、八卦法、陰陽五行法等等都是理論較深，兼有術數知識的解夢方法，想要清楚明白這些並非一日之功，有機會可以試著瞭解一下。

 ## 現代有哪些科學的解夢方法

結合古人的解夢方法，補充現代科學解夢理論，現代解夢法越來越受到人們的關注，大家對夢境的解釋更多，更複雜了。我們不妨學習一些，也做個科學解夢人。

客觀法是把夢境的內容與客觀中人物和事件相聯繫，結合做夢的環境、做夢人的經歷等等進行分析的解夢方法。主觀解夢法則從做夢人的主觀世界出發，根據個人情感狀態進行夢境分析，「日有所思，夜有所夢」，「男不夢產，女不夢鬚」的古老說法都是主觀解析的一種。冥想法是把夢當作一個整體來看，只透過想像的方法以直覺來感覺夢的意義，不做任何添加。譯釋法類似於象徵法，是對夢境內容深層意義的一種翻譯，解釋夢的象徵性語言。逐層深入法是按照夢的順序一層一層的揭開夢的面紗，能用此法解析的夢也一定是個具體的，有完整意義的夢。

現代解夢的方法還有很多，但這些都是一些理論知識，想要正真理解夢，不論是我們普通人還是科學家，都需要繼續探索。

 ## 怎樣用催眠法解夢

催眠是心理治療中常用的一種方法，它可以誘導人處於一種恍惚的意識狀態，使人褪去生活中批判的色彩觀點，保留最初的想法。

用催眠術解夢聽來很沒有道理，因為催眠的狀態不是人正常熟睡的狀態，但是科學家認為，催眠形成的睡眠狀態可以產生新的夢，並且有其自身的意義，稱其為催眠夢。催眠夢可能類似白日夢，從精神分析的觀點看，這種夢有很強烈的象徵。人在清醒

常識篇
016

概念篇
043

方法篇
060

心理篇
074

身體篇
089

時的意識被遺忘殆盡，不被重視的感情浮出水面，從心理學角度找到了人的內心癥結，就可以解釋很多做夢人常夢見的夢了。

當然，我們說過，催眠夢畢竟有別於一般的睡眠夢，所以需要進行更深層次的分析，這是治療一些有病症狀態的睡眠夢的方法之一。

 ## 哪些夢不適宜使用占夢術

按照古代占夢術的占夢條件，並不是所有的夢都可以入占的，這就是「夢有五不占」。

所謂「夢有五不占」，就是指有五種夢不能入占。

（1）神魂未定而夢者，不占。古人認為，人在神魂未定的狀態下所呈現的夢象不是精魂所感，而是精魂未定下的浮想。這種浮想不是占夢術上的「真夢」，因此便不能呈現吉凶之兆。

（2）妄慮而夢者，不占。所謂妄慮而夢，是由於白天各種邪想而致夢。邪想所夢一般不出眼、耳、鼻、舌、身、意六識範圍，這六識都是因感而發，屬於短暫的、淺顯的感應。這種感應一般都是無意義的雜想，不包含吉凶的真機。那麼，什麼是妄慮而夢呢？舉例來說，白天看見一女子，美貌無比，如同天仙，晚間便在夢中與之相媾，甚至雲雨一番，頗能快人心意，醒來之後，但見下體黏濕，方知是白日春夢。這種夢便純屬邪想所致，

沒有任何「天機」藏於其中。

（3）寤知凶厄者，不占。這是說夢中所兆極其典型，用不著再占。明代陳士元在《夢占逸旨》裡講：《左傳》記載，有一個名叫聲伯的人，夢中渡洹水，並食瓊瑰，奇怪的是在夢中又哭又歌。聲伯自己也很通曉占夢術，醒來之後，知道是一個凶兆，懼而不敢占。後來又過了一段時間，知道天命難違，為了求得心理安定，便強占為吉，結果只過了一天，便死了。因為此夢按照占夢術解釋，實在是一個死象，夢中所為都是送亡魂的儀式，其凶是不言而喻的。

（4）夢而未終、中途驚醒者不占。在古人看來，一個負載吉凶之兆的夢都是有首有尾的。因為夢其實就是一種象徵語言，按照古代占夢家的說法，這是神明向人曉諭的語言。如果夢而未終，尤其是中途被人吵醒，那麼便是神諭未明，不可輕易占卜。

（5）夢雖有終始但醒後忘記大半者，不占。有些人天天做夢，但是夢後便忘，或者是夢醒之後，只能記起一些雜亂的情節，對這些雜夢也不能進行占斷，因為其間的「真機」已被擾亂。

 什麼情況下占夢結果不準確

在中國古代，對占夢者有嚴格的要求，如果不符合這些要

常識篇
016

概念篇
043

方法篇
062

心理篇
074

身體篇
089

求，占夢時就不會靈驗。這便是著名的「占有五不驗」。

（1）占夢之人，昧其本原者不驗

占夢者必須對天人之際、宇宙萬物的道理參究透徹，才能占斷天下之夢。也就是說，人生如夢，睡夢之夢為小夢，人生為大夢。占夢者自己必須對此有深刻的認識，然後才能為人占夢。當然，這裡所要分析的占夢並不是占人生大夢，而是占夢中之夢。古代的占夢家認為，並不一定要將宇宙的大道理悟透，只要牢記「人生如夢」這一原則，不深陷夢中之境就行了。如果能再由占夢而有所領悟，由小夢而覺大夢，那將是更高層次的追求。

（2）術業不專者不驗

古人認為占夢者必定要熟讀夢書，掌握基本的占夢方法。只有這樣，才能遵循正確的途徑，將神諭明白無誤的破譯出來。另外，一個高明的占夢家必須善於聯想，從細微的象徵中找出吉凶徵兆；否則就有可能對神諭熟視無睹。

（3）精誠未至者不驗

古代的占夢術就是要將做夢者的感應明明白白的解釋出來。有些夢象簡單易懂，有些則迂回曲折、撲朔迷離，這時占夢者必須虛其神明，以精誠的態度去感知夢境所示。

（4）削遠為近者不驗

這一條是指占夢者不能將道與術分開。古人認為，占夢雖屬小術，但其中也蘊涵著大道理。後來的一些術數之士，分割道與術的關係，把占夢局限為只言夢境吉凶的小術，不懂得由夢中之夢瞭解人生之夢的道理。這樣就會使占夢成為一門小術，不但不

靈驗，也不可能通入大道。

（5）依違兩端者不驗

古人認為，對夢境所預示的吉凶，占夢者必須明明白白的解釋出來，不能含糊其辭，依違兩端；否則就違背了占夢術的原則，成為欺世盜名之徒。

 ## 怎樣理解夢的語言

做夢就好像是看電影，不停的在經歷圖片影象，夢裡許多內容都是讓我們去「看」的，因此夢的語言則採用廣泛而又通俗的語言——象徵。我國的象形文字是對具體形象的簡化，「日」就是一個圓，「人」就是像一個行走的人，「馬」字像一隻奔跑的馬。但相對於夢來說，象形字還是簡單的畫，夢的「詞彙」才是一幅幅生動的畫卷，所以夢才是真正的「象形字」。

夢的語言就是一幅幅畫面，不是抽象的文字，也不是固定的。比如現實中，我們看見一個膽小的人，會說「這人膽小得像隻兔子」，但是到了夢裡，我們是不會用語言形容的，而是會直接夢到一隻兔子，而這隻兔子很可能和那個人有著相同的體態特徵。如果我們發現某個嫵媚的女人，晚上很可能會夢見一隻狐狸，這看起來很平常，但正因為如此才使夢多了很多可想像猜測的內容。

常識篇 016

概念篇 043

方法篇 063

心理篇 074

身體篇 089

常識篇
016

概念篇
043

方法篇
064

心理篇
074

身體篇
089

　　當然，這樣多彩多姿的夢的內容取決於個人的生活經歷和家庭教育，這些是客觀原因，但要真正解釋其中的奧妙，只有做夢人自己才能領會。比如同是夢見果實豐收了，對於一個果農來說，是他渴望豐收的想念表現，而對於其他人不相干的人來說，或許是因為口渴了，或者是希望工作有成就。有時候我們會請旁人給一些參考，這也是有效的方法，而解夢人也就是出於這個角度而產生的。

 為什麼說做噩夢也有好處

　　不管是一次還是反覆出現的噩夢，都代表一種警告。它們敦促我們留意帶來壓力或者困擾的事情，提醒我們可能出現的問題，幫助我們面對清醒的時候不願意面對的問題。它們可能在我們遭遇不幸之後出現，因為這個時候我們的心靈正處於掙扎之中，正在說服自己接受災難性的事件。

　　不管噩夢的內容是什麼，我們不妨嘗試一下馬來西亞塞諾伊土著人的「面對和征服」技巧。當你醒來的時候，想像自己正與你害怕的事物面對面，告訴它你希望它怎麼做，或者向它解釋它給你帶來的感受。這讓你有機會直接面對你的恐懼，驅走焦慮；你也可以站在給你造成威脅的事物的角度。如果你轉換角色，以它的身份講述噩夢，那麼，你的感受又是如何

如果你花了很長時間仍然無法理解噩夢的含義，就先把它放在一旁，耐心等待吧！因為有些夢猶如連續劇的一部分，在它之後，其他的夢還會隨之陸續出現，幫助你解開疑惑。

 ## 怎樣透過夢境看透人的心態

科學的夢境解析，可以從夢境中檢測出人現階段的心理狀態和情緒訊號，從而揭示你在清醒狀態下不易察覺的感受，使人得以有目的地調整自己，保持良好的心理狀態。

以下十種夢，反映出不同的心態。

（1）圍牆

夢見圍牆，表示你有心結，正為某事不知所措。在圍牆邊尋找出口，表示你正設法清除心理障礙。

（2）化妝

打扮自己，反映的是隱藏自我的心情。例如，為了見來探望的母親而濃妝豔抹，表示有不願意讓雙親知道的事；相反，脂粉未施外出而覺得羞於見人，表示有自己無處隱藏的缺點。

（3）飛

反映的是想從生活壓力中獲得解放，或想靠自己的實力克服困難的心情。與異性一同在空中遨遊，表示你想解除壓力。浮游低空中，有雙腳不能著地的恐懼感，表示你對不能施展自己的能

常識篇
016

概念篇
043

方法篇
065

心理篇
074

身體篇
089

常識篇
016

概念篇
043

方法篇
066

心理篇
074

身體篇
089

力很焦慮,同時說明你缺乏自信。

（4）談話

在夢中,感覺、思考均被用來當做表現方法。夢中與人交談,表示思考的過程。與人意見分歧,表示尚未理清思緒,對事情深感煩惱,要在兩個事物中選擇其一,卻遲遲無法決定。與談話對象取得共識的夢境,表示對自己想法的確認。

（5）衣服

穿著不同服裝會表現出不同的心理狀態。例如,平時不穿黑衣的人,在夢中以黑衣姿態出現,表示你對生活缺乏信心,正期待走出低谷。做上衣與裙、褲顏色不協調的夢,暗示你心中對立而矛盾的情感。

（6）查票口

夢見在查票口、入口處等地,意味著你正承受社會的重重壓力。在接近查票口前找不著車票,或因未買到去目的地的車票而心驚肉跳,表示你社會經驗少,對自己毫無自信。同理,暢通無阻的通過查票口,表示你希望自己比想像中更成熟,同時渴望別人的認同。

（7）海外旅遊

表示對未知的一切懷有憧憬。例如,海外旅遊,本來能與外國人順暢地交流,卻突然聽不見對方的聲音,與人無法溝通,暗示你對不可預料的未來懷有恐懼。再者,前往非洲那樣的未開發國家,與其說是旅行,倒不如說是探險,這個夢表示你有強烈的好奇心。

（8）污水

表示你對曾經的所作所為非常懊惱。例如，用污水洗衣，無論如何也不能洗乾淨，代表著你極力挽回過去，但又沒有足夠的信心彌補。

（9）趕車

在夢中，通常你會因遲到而錯過了車次，表示你對能否把握現時的機會沒有足夠的自信，或對眼前的某些事物感到非常焦慮。

（10）旅館

做住旅館的夢，表示你正對某個事物或人產生濃厚的興趣，有好奇心，想冒險嘗試。進入富麗堂皇的旅館，表示你急於滿足自己的好奇心和冒險心。

 做了不愉快的夢怎麼辦

不管我們願不願意，不愉快的夢總是會出現的，尤其是那些有著凶兆的夢。我們可能會很擔心，急忙去找算命先生解答，也可能覺得是命中註定，乾脆放之任之。

但是，不是所有不愉快的夢都是凶兆，我們沒必要把自己弄得緊張兮兮的。放鬆自己，用平常心去對待，有時候夢只是內心負面思想的代表，只要我們端正態度並不會發生什麼危險事件

常識篇
016

概念篇
043

方法篇
068

心理篇
074

身體篇
089

的。

　　從容面對不愉快的夢，坦然接受它們，這才是正確處理夢境的方式。

 ## 記不住夢境怎麼辦

　　常常一夢醒來，我們不知道自己究竟做了什麼夢，或者記得也不完整。想要記住你的夢，還需要有效的方法。

　　用紙和筆來記錄夢。這個方法聽來好像沒有什麼意義，但確實是個有效的方法。我們對夢的記憶往往在夢醒的一刻最清楚，所以最好在床頭放一本筆記本和一支筆，在最初時刻記下自己的夢。我們每晚做的夢不止一個，每天早上一醒來，記得最清楚的是最後一個夢，能夠回憶起的內容也最多，如果這時能在第一時間記下夢，會有較好的效果，實在不行也可以寫下幾個關鍵字，等空閒時候再去慢慢回想，就能回想起很多原本想不起來的夢中細節。

　　如果剛醒來就被別的事情打斷，比如被家長催促著上學，或是一起來就暈頭暈腦的去做其他事情，那對於回憶夢境是較不利的；同樣的道理，被鬧鐘吵醒對於回憶夢境也是有害的。除了不用上班的人，大家都在用鬧鐘，防止早晨睡過頭。依賴鬧鐘好像是為了晚上能夠徹底安心睡覺，但實際上越是放鬆睡覺，在睡得

正香時被吵醒，大腦是會受到損傷的。解決的方法很簡單，只要在睡前自我催眠一下，提醒自己明早按時起床，久而久之就不會依賴鬧鐘了，也會形成良好的睡眠習慣。

同樣的方法也可以用到夢的記憶上，夢本身在很大程度就是心理暗示的結果，如果我們在睡前也暗示自己，好好做個美夢，然後記住它，懷著這樣的信念去睡覺，醒來後會比較容易回憶起你的夢境，可謂百試不爽。

知道以上一些記憶夢的方法後，就是如何運用並習慣的問題了，甚至可以做一本夢的日記，時間久了，你就會發現能夠記得的夢境內容就會越來越詳細，很多覺得自己沒有做過的夢也能夠記起來了。

男性和女性夢境差異知多少

科學研究發現，男人和女人在做夢以及夢的方式上有著顯著的差異。而且，這種差異開始於人生的早期階段。對六百名超過十歲的男孩和女孩的研究顯示，女孩比較容易做與焦慮有關的夢，而男孩大多夢見怪物或大型動物。女孩的夢裡較常出現人或小動物。

女性夢中常見的景象：

（1）情感

常識篇

016

概念篇

043

方法篇

070

心理篇

074

身體篇

089

女性的夢境大多是情感方面的。

（2）室內

女性的夢境多半在室內，而且往往是在熟悉的環境內，如家、宿舍或教室，另外就是家庭物品以及服裝等。

（3）人物多

女性夢中的人物，以女性比例稍多，然而主角約男女各半，多出來的女性是些旁觀者。

（4）熟人

女性夢中的主角常常是熟人，他們的面容和服飾能被生動地回憶起來。女性不像男性那樣常做進攻性的夢，即使做了，多半也是非暴力的。在夢中，她們不打人，而是破口大罵。在夢中那些被侵犯的對象中，女人多於男人。一般來說，她們在夢中與男人是友好相處的，但通常只限於精神方面。

（5）偶爾會出現性的場景

女性有時也夢見性交，並且清楚的記得與之發生性關係的對象。但做這類夢的次數不如男性那樣頻繁。

男性夢中常見的景象：

（1）戶外、新奇

男性的夢普遍是有關戶外的和新奇的背景，而且大量的從事體力活動。

（2）男人、暴力、性、車、武器

男性夢中的主要內容是有關其他的男人、暴力、性、車和武器等。比如，男性的許多夢常帶有敵意，在約半數的帶敵意的夢

中，做夢者對另一男性進行肉體攻擊，而被攻擊者又多半是陌生人。

（3）男主角多

在男性的夢中，男主角多於女主角約兩倍，而且男主角多以職業來辨別。也就是說，男性做夢者能意識到夢中其他男人的職業，這說明男性比女性更有地位意識。

（4）對女性友好

男性在夢中對女性比對男性友好。男性做夢者通常認識所夢見的女性。

（5）與陌生女人發生關係

男性的夢中與之有性交往的女性多數是陌生人。

（6）大怪物

男性多夢見怪物或大型動物。

 人能不能控制夢境

夢境通常顯得那樣不可思議，常常會有千奇百怪的組合，或者突然的場景轉換。夢境似乎沒有因果規律，也不受時空限制。那麼荒誕的夢境與現實生活是否有聯繫呢？如果有聯繫的話，我們是否可以透過控制睡眠前後的條件來影響夢的內容呢？

較早從事這方面研究的是美國芝加哥大學克雷特曼實驗室

常識篇
016

概念篇
043

方法篇
072

心理篇
074

身體篇
089

的德門特和沃爾珀特兩位學者。最初他們注意到，大多數剛來到睡眠實驗室的新的受試者，在敘述他們夢中的故事經歷時，常常把睡眠實驗室這個新奇的環境編入各自的夢境情節中。很顯然，睡眠條件的改變會在夢境中得到反映。德門特和沃爾珀特從中獲取啟示，並設計了一系列有趣的實驗。實驗的方法很簡單，就是改變受試者睡眠時的環境條件，看它會不會在夢中得到相應的反映。整個實驗分三部分，先用冷水淋，繼之以強光，然後再放音樂，結果在受試者的夢境報告中，只有百分之四十二涉及水，百分之二十三談到光，百分之九提到音樂，這些資料看來並不能很好的說明問題。

　　還有不少學者做了相關的實驗，結果使他們做出了同樣多的、大相徑庭的解釋，但是有一點似乎已經趨於明朗化，即清醒時的環境遇到某些特殊的改變，在夢境中就會增加與此有關的新內容。然而目前的問題焦點是怎樣才能確切地掌握環境刺激和夢境內容之間的必然聯繫，只有做到這一步，方有可能達到控制夢境的設想。

　　後來，威特金和路易斯兩名美國科學家利用刺激現實環境的方法來測試夢境內容。他們用的刺激物是四部電影片，一部是孕婦正在生產的過程；一部是原始部落人用銳利石片切割男性少年的陰莖包皮；一部是母猴將死去的小猴撕開吃掉的經過；還有一部是平淡的風景片。結果根據受試者的報告顯示，前三部影片被編入夢境的內容較多，而平淡風景片則根本沒有。以上實驗似乎說明了這樣一個問題，現實生活中受到的外界刺激比較強烈，那

些刺激在夢境中出現的可能性就比較大，此說法得到了許多學者的贊同。

關於人是否能控制夢境內容的問題，迄今為止能夠做出的回答僅僅是：入睡前後的外界刺激看來是可能被編入夢境的。不過涉及與此有關的各種生理機制和它的規律性，由於變化因素太多，目前還難以將它規範化。從事該領域研究的學者們都感到，透過控制入睡前後的條件來影響夢境內容的實驗十分複雜和困難。因此我們首先需要有一套更為精確的度量夢境內容的方法，然後才能理解夢的意義，最終達到控制夢境的目的。

常識篇
016

概念篇
043

方法篇
073

心理篇
074

身體篇
089

心理篇

人為什麼會做找廁所的夢

夢裡找廁所是常見的夢的主題之一。在夢裡，我們常常到處找廁所，若不是找不到，就是找到了，裡面也都是人，十分著急，難堪。

這樣的夢通常和現實中廁所的環境語言有關係。比如對做夢人噴水，或者做夢人本人睡前喝了過多的水，都很容易產生上廁所的夢。如果不是這種情況，那麼多半意味著做夢人心中缺乏安全感，希望找一個隱祕的地方待著，而找不到廁所則意味著一種挫折。

說夢話的原因有哪些

以前聽過一個笑話，大學宿舍一男同學半夜說夢話，差點把自己的銀行密碼透露出來了。現實中人們在說夢話時其實也很容易洩露自己心底的祕密。夢話，專業人士稱之為夢囈，就是指人在入睡做夢時說話、哭笑等各種表現，通常夢囈的狀態都是一瞬間的喊叫，但也有連貫的語言，有的甚至是成段的述說，有些人說夢話時還能夠和清醒者形成對答。可見，夢話不一定是胡言亂

語。

我們已經屢次強調，人睡覺時大腦不是完全休息的，總有某一部分的神經細胞還在活動，甚至活動得十分激烈。人的睡眠分為淺睡期和深睡期，這兩者形成一種循環，反覆三次，時間依次遞增。而第三個循環時期即是深睡期，夢囈就發生在這一階段。如果在此時，負責語言的神經細胞還處於興奮狀態的話，那麼說夢話就是理所當然的事情了。由於語言細胞存儲的資訊多為白天說話的內容，因此夢話所說的內容都是有理可循的，是一種正常思維。

夢囈可以發生在睡眠的任何時間段，其本身是有素質性傾向的，可以作為身體病理的一個參考。經常說夢話的人多半是因為心火過旺、肝火過熱。一些外部因素，如工作學習壓力過大，精神過於緊張都可能導致說夢話。因此經常說夢話的人一定要注意休息，調節工作、生活的狀態。緩解一下壓力，調理營養，情況會慢慢的好轉。

 ## 人為什麼會做掉牙的夢

夢見掉牙齒或者掉頭髮是相似的，也是常見的夢境。早在幾百年前，就有一個叫阿爾特米多魯斯的人寫了一本叫《釋夢》的書，在其中對掉牙齒做了一些解釋。比如掉了上齒說明家中的主

人失去了地位或勢力，而掉了下齒則是奴隸或工人被解雇，這帶有很強烈的等級意識。

從佛洛依德起，越來越多的研究者相信夢見掉牙齒意味著身體上有不適。在我國，露出牙齒代表著征戰，是攻擊的意思。在一些地區，人死後下葬前要被拔掉牙齒，因此掉牙齒意味著生命的結束，所以在這些特定文化背景下成長的人夢見掉牙齒，可能意味著他的生命有了危險。

 ## 被追逐的夢暗示了怎樣的心理狀態

夢中被人追趕的解釋有很多，但其主題通常是由於做夢人在現實中受到了某種威脅而心生恐懼，從而導致入夢後想要逃離。限於此情況，做夢人在夢中雖然想跑但卻跑不動，這是無力抗拒的一種表現。

反覆夢見被追逐是令人煩惱的，這暗示做夢人心中的恐懼越來越大，很可能陷入了一種心理障礙。當然，從榮格的夢學說來說，夢見被追逐很可能是由於祖先的夢境遺傳，正因為我們的先祖曾經有過被野獸追逐的危險以及在生命延續中的各種危機，導致了我們也會做這樣的夢。

常識篇

016

概念篇

043

方法篇

055

心理篇

078

身體篇

089

 飛翔之夢有什麼意義

裝上一個竹蜻蜓，像哆啦A夢一樣自由自在地飛翔，很多小孩子都愛做這個夢。實際上，人們夢見自己會飛是很正常的。飛翔能夠產生一種愉悅的快感，讓人覺得自己很有成就，這都恰恰說明做夢人本人內心是充滿挫敗感，希望得到成功。

飛翔的夢通常產生在清醒夢之前，它的意義不能只看表面，而要針對具體的做夢人，具體的生活經歷。有時候飛翔的夢很可能也意味著逃離某些事物，或者是表示自己有不切實際的想法。

 迷路的夢境給生活帶來哪些提示

迷路，不僅現實生活中有，夢境中也會有。生活中是我們迷失了道路的方向，不知該往哪裡走；夢境中是迷失了人生的方向，不知道自己應該以什麼為目標。

在清醒的生活中，大家都有很多隱藏著的想法，而心靈深處應該有一個屬於自己的最終目標。但是沉迷於現實生活久了，我們對內心的那個目標感覺迷茫了，不知道自己究竟該做什麼，能做什麼。這種情感可能不能被意識到，而從夢中反映出來了。針

對這樣的夢，我們要有清醒的認識，要理解夢境給出的提示和警告，以便端正我們的生活態度。

 ## 人為什麼會夢到裸體

你敢裸奔嗎？不管你現實中敢不敢，或許你在夢裡這樣做過。

夢見自己和他人赤裸裸相見，心裡可能是很尷尬的，想極力掩飾，但旁人卻不以為然。這樣的夢也有多種解釋，男性夢見自己裸體見人，可能是想掩飾什麼弱點。裸體一方面意味著性欲的刺激，一方面也象徵著對自然真我的渴望，不想受約束，回歸一種真誠的狀態。

如果做夢人夢見自己儘管渾身赤裸但卻心無所動，坦蕩蕩的，說明做做夢人心無雜念，不懼怕任何事情。

 ## 死亡的夢有什麼意義

死亡的夢多半是警告性的，尤其是自殺的夢。說明做夢人有自我毀滅的傾向，這些人在生活中肯定有很多不如意的地方，但

是他們不一定想自殺。相反，從某種角度說，死亡是一種結束方式，這暗示這些人可能要開始新的生活方式，或者改變一些陳舊的觀點。

如果夢見身邊的朋友死了，那意味著一種距離，提醒我們需要加強彼此之間的感情聯絡。當然，在一些特定意義上的死亡的夢極有可能是真的，比如重病的病人，或者年壽將盡的老人。

 ## 生育之夢的內涵有哪些

生育的夢是從古至今的一個話題，這裡意義眾多。

古時候，生育的夢常常預示著孕婦腹中孩子的一生。當然，到現在，做生育的夢就有很多解釋了。生育是一件艱難、歷時漫長的事情，這代表現實中做夢人可能在執行一項艱苦的計畫工作。而男性夢見生育，有可能是事業上的新的發展或改變，也有可能是出於對家庭的責任感。

生育的夢不一定是生育孩子，我國古代見龍入懷或者鳥銜著果實而來都是懷孕夢的一種。

 ## 為什麼蝌蚪夢暗示了懷孕

一位女士夢見自己和丈夫在家鄉的一個魚塘邊上散步，很愜意。魚塘裡有很多蝌蚪，人們都在捉，女士看見了心裡十分著急，但也說不出原因。她和丈夫迫不及待地加入了捉蝌蚪的行列，學著別人的樣子去捉，但總是捉不到。女士懊惱極了。這時候走來一個人，安慰了他們，並告訴他們應該分工合作，女士拿著瓶子在一邊等著，而丈夫要到另一邊去趕這些蝌蚪，這樣才能捉到。夫妻二人按照這個方法試了試，果然捉到了一隻蝌蚪，那個人看了一眼說：「你們真幸運，捉到了一隻懷孕的！」

夢中捉蝌蚪本來沒什麼奇特之處，但關鍵在於最後蝌蚪懷孕的那句話，很有現實意義。因為這位女士結婚多年一直未能懷孕，她每天所思所想的都是如何懷孕，甚至四處找偏方，做治療。在她的夢中，蝌蚪的形象實際上是男性精子的象徵，而瓶子是女性生殖器卵巢的象徵，而指點他們抓到蝌蚪的人可能就是在現實中對他們提供幫助的醫生或其他什麼人。這就是我們常說的「日有所思，夜有所夢」中的一種，因為妊娠現象是女性與生俱來的特權，所以這類夢多半象徵著女性原始的生產願望，而妊娠中的女性做這樣的夢，也有可能是一種對生產平安與否的不安心理造成的。

從這類夢中我們可以得到一個解釋，我們做夢有一部分是為了得到精神的補償。一方面，白天緊張的身體乃至心理活動可以在夢中得到鬆弛，精力可以在夢中恢復，以確保第二天能夠面對新一輪的緊張生活。否則，長期處於緊張狀態而不得恢復，那麼就會導致人的身體疲勞和精神壓抑，對身心健康極度不利。另一

常識篇
016

概念篇
043

方法篇
055

心理篇
082

身體篇
089

方面，人們在清醒時有很多欲望不能得到滿足，這是苦惱、煩悶的根源，集聚在體內有害於健康。而夢有時能使這些欲望在腦海中實現，也就在一定程度上緩解了這些欲望的要求程度，促進了心理平衡。

透過夢，潛意識可以指出或補充意識活動的不足，使精神活動更完善、更充實，使整個心理功能趨於穩定。人們可以透過自己的夢，從中獲取必要的教益，這樣做的夢有益於精神健康，如運用得當，能使心理及行爲更爲趨於和諧。

其實，上述懷孕的夢不僅是孕婦可以做，她的丈夫、母親、婆婆乃至其他親密的親屬都可能做，因爲懷孕的事件可能得到的是眾人的關注，同時也會反映出其她的人心理願望。比如姐姐懷孕了，妹妹也做懷孕的夢，可能是盼著自己能早日結婚生子。

 ## 夢中的鬼代表了哪些情緒

並不是所有的噩夢都會夢見鬼，但夢見鬼就肯定是噩夢了。那麼，夢中的鬼都代表著什麼呢？很多心理學家、醫學家、精神病學家等對此做了複雜的調查，認爲鬼的形狀是某種情緒的表現形式。

（1）僵屍

一個年輕的男子找心理醫生做諮詢，他說自己行爲放蕩且

經常做噩夢，夢見僵屍。僵屍，看上去沒有血，就像我們常說的「活死人」，實際上他在精神上已經變得冷漠。經過分析，原來這個男生之前很開朗、善良的，後來交了一個女友，他為對方付出了很多情感和金錢。後來他幫助女友去美國留學，但女友實現自己的夢想後竟然把他拋棄了。他備受打擊，對人世的看法有了很大變化，尤其對異性開始變得像僵屍一樣冷漠，把自己看成是僵屍，用攻擊和佔有，來平衡他的挫折感。

（2）白衣女鬼

有個男孩是富裕家庭的獨生子，父母對他百依百順，但是這個男孩卻常常夢見一個站在湖水中露出上半身的長髮白衣女鬼。白衣女鬼的特點是長髮飄飄，看起來很弱小，這是抑鬱情緒的象徵。實際上，正是因為父母為了給這個男孩提供好的生活而忽略了和孩子的情感溝通，使得孩子內心極為痛苦，變得非常孤獨，渴望得到父母的關懷和愛。因此他夢中的那個白衣女鬼其實就是男孩內心世界的反應，表明他的無助和虛弱。

（3）骷髏鬼

骷髏象徵死亡，骷髏鬼是白衣女鬼、僵屍的極端表現，當一個人情感極度缺乏到了一定極限就變成了骷髏。當我們對死亡特別恐懼，或者生命力極弱的時候，就有可能會夢到骷髏。

（4）淹死鬼

一個在北京上大學的外地女孩常常夢到一個長頭髮的淹死鬼在身邊出現，要把自己擠壓到窒息。經過分析發現，女孩的母親對遠在外地上學的女兒不放心，時常對她電話遙控，以瞭解女兒

常識篇
016

概念篇
043

方法篇
055

心理篇
084

身體篇
089

每天的行蹤。這導致女孩精神壓力增大,母親的過分關心猶如緊箍咒讓她不能喘息。

淹死鬼恰恰可以表達這種情感壓迫,因為他可能並不可怕,但濕漉漉的形象讓人產生厭煩感,讓人覺得是既不打罵你,也不嚇唬你,就用情感來折磨你。還有一種淹死鬼表達的是對感情的渴望與糾纏,因為溺死的人往往是多愁善感的人,極有可能為情而死。夢見這種鬼的人很容易沉浸在情感世界裡不能自拔,而淹死鬼的形象就是其夢中的象徵義。

（5）無頭鬼

頭,是理智、智慧的象徵,胸部則代表情感,胸部以下代表欲望。無頭並不是說這個人沒有理智,恰恰是因為過於理智而導致了他理智與情感的隔離,使得做夢人看不見自己內心真實的情感,壓抑太深。壓抑的力量有多大,被壓抑的陰暗面的力量就有多大,內心陰暗面的力量得不到宣洩,就會轉化成夢的形式。

（6）畫皮鬼

這是一個外表美麗,但內心醜陋的鬼。電影《畫皮》其實已經揭露了這種鬼的象徵,畫皮鬼利用的是人類肉欲的渴望,因此夢見這樣的鬼多半象徵性變態,性心理有問題。

 為什麼會夢到偶像

生活中是追星族嗎？是不是癡迷著那些大影星而感歎無緣相見呢？不過，我肯定你在夢中見過他們！

夢見名人一方面可能是「日有所思，夜有所夢」的結果，渴望與這些名人見面，另一方面可能處於自身對名利的渴望，或者是提醒做夢人是不是忽略了自己某些藝術才能，比如唱歌、跳舞什麼的。還有就是，正是這樣的榮譽給夢中的自己帶來了成就感，往往暗示做做夢人本身在現實中充滿了自卑的心理。

 ## 升遷之夢有哪些

（1）占夢

「姜太公釣魚──願者上鉤」，這是人們熟知的一句歇後語。姜太公的真名叫姜尚，在輔佐周武王滅商建周的功績中名噪天下。他能被重用並非釣魚有奇招或是拉關係，而是因為周文王在一次奇夢中認識了他，以致「占夢」一詞從此竟成為帝王求得賢相的典故。

（2）夢刀

北宋政治家王安石有一句詩：「行追西路聊班草，坐憶南州欲夢刀。」「夢刀」指的是什麼？這裡有一個典故：西晉大將王濬，一次在夢中看見臥室屋樑上掛著兩把刀，一會兒又增加了一把。醒後，他請人釋夢。釋夢者說，三把刀是「州」字，本為兩

把，又加一把是「益」的意思，大概是你要被派往益州做官了。過了幾天，王浚果然被委任爲益州刺史。這當然有可能是釋夢者根據王浚的意願，進行猜測而巧合朝廷的任命。此後「夢刀」一詞就成了地方官升遷的典故。

（3）夢屍

在人們的眼中，當官本爲吉祥喜事，但古人卻以夢屍爲得官之兆。何以如此？《世說新語》一書中給出了這樣的解釋：「官本是臭腐財本是糞土，所以將得而夢棺屍；錢財本是糞土，所以將得而夢穢汙。」故北宋文學家蘇東坡在詩中這樣寫道：「居官死職戰死綏，夢屍得官真古語。」

 ## 夢見棺材一定會升官發財嗎

在民間有夢見棺材意味著要升官發財之說，按照《周公解夢》裡的說法，在特定的夢境下，確有夢見棺材暗示著財運好的解釋。

但現在的解夢說法不一。一般心理學認爲，夢見平靜的景象包括死人都預示著你的心理潛意識正在從自我調整的分析中獲得最佳狀態，或你可以理性地處理身邊的問題，或你對將要到來的考試已經胸有成竹，或是你苦思的問題將有眉目等。總之，這是成功的徵兆。同時，也有可能預示著你被一些功名利祿的思想打

擾，最終影響你取得成功。只要你放棄這種思想，你的事業就會有大發展。夢見棺材也隱喻著重生，思想或靈魂蛻變進入另一階段，或是戒除了不健康的壞習慣，離開了舊的環境等。

此外，這種夢境可能預示著你將參與競爭上一級職務，並可能獲得成功。

 ## 夢見爬樓梯對人生有什麼啟示

爬樓梯是一個過程，你爬樓梯是為了到另一個樓層或空間去。除非停電或者為了健康，當有電梯可以坐的時候，大部分人不會選擇爬樓梯。相較於搭乘電梯的毫不費力，樓梯間每一階的上下都得靠自己走出來。夢見爬上樓梯，很像是力求上進的心情投射；夢見走下樓梯，則可能是對自己不太順利人生的反映。

雖說人往高處「爬」，但你可能滿身大汗的爬到夢的終點，風一吹，才體悟到「高處不勝寒」的真諦；一邊爬著樓梯，一邊欣賞四周出現的景色，或許能夠讓你領悟到過程比結果重要；夢裡的樓梯有時甚至無限延伸，精疲力竭的你始終看不到目的地，這時你該考慮一下：上面的目的地真的值得自己付出這麼多努力嗎？

夢見下樓梯也不見得全是壞事。有時你夢見下樓梯，走著走著遇見好久不見的朋友，就在樓梯間熱絡的聊起天來，這表示

常識篇
016

概念篇
043

方法篇
055

心理篇
088

身體篇
089

你放下了一些事情，你會找回更多值得紀念的事情。如果夢見被看不見的力量拉扯著滾下樓梯，到了底部卻發現一片美景，這是「退一步海闊天空」的寫照，說明在生活中有些事情你必須學會忍讓。

身體篇

常識篇
016

概念篇
043

方法篇
055

心理篇
074

身體篇
090

 ## 夢見五官意味著什麼

鼻子：

夢見自己的鼻子好看，是吉兆。

夢見鼻尖上長膿瘡，現實中會被提拔。

夢見自己的鼻子十分醜陋，是不祥之兆。

夢見自己怕鼻孔疼痛，可能會有大難降臨。

夢見鼻子流血，災難要臨頭，萬事不順。

夢見有人抓住了自己的鼻子，會當眾受辱。

嘴：

夢見自己的嘴，會得到愛情。

夢見嘴裡塞滿了吃的東西，要發財了。

夢見自己的嘴變大了，經濟上將有損失。

夢見吃滾燙的東西燙傷了嘴，將要生重病。

耳朵：

夢見自己掏耳朵，或讓別人給自己掏耳朵，有好消息傳來。

夢見別人對自己耳語，表示應該傾聽別人的意見。

夢見耳朵長出一些毛，表示你將有財運。

夢見自己的耳朵被割掉，命令能被執行。

夢見別人的耳朵被割掉，自己將要遭受苦難。

眼睛：

夢見自己的眼睛腫而不疼，暗示生活會十分幸福。

夢見塗著黑眼影的女人，經濟將要受損失。

夢見眼睛發紅，預示身體有病。

夢見別人朝自己使眼色，說明自己將要得重病，甚至是不治之症。

眉毛：

在夢中看到眉毛，說明不久的將來會遇到某種阻力或阻礙。

 # 夢見四肢意味著什麼

手：

夢見與陌生人握手，有新的朋友。

夢見雙手都握著錢，能賺到一大筆錢。

夢見自己的手又長又結實，意味著事業會成功。

夢見自己的手比原來更紅了，說明官運會亨通。

夢見自己的手無力發黃，是生病的前兆。

腳：

夢見自己的腳被砍，能當官。

生意人夢見自己長了許多隻腳，會賺到錢。

夢見洗腳，預示著內心的貪婪。

夢見腳燙傷，會因一時糊塗，遭受重大損失。

常識篇
016

概念篇
043

方法篇
055

心理篇
074

身體篇
092

夢見腳腫大，會負債累累。

夢見踢別人的腳，現實中反而會受辱。

胳膊：

夢見自己的胳膊肌肉發達，意味著透過自己的努力工作會上升。

夢見手腫了，親友會從陌生人那裡得到好處。

夢見胳膊流血，是貧困潦倒的徵兆。

夢見胳膊患病，則表示工作會陷入困境，經濟也將遭受損失。

婦女夢見自己的胳膊受傷，丈夫或兒子將要離開人世。

夢見自己的一隻手斷了，是痛苦和受損的兆頭。

腿：

夢中覺得自己的腿既乾淨又好看，說明生活愉快，朋友很多。

夢見大腿受傷，說明經濟上有損失，身體健康也要注意。

夢見一隻腿是假的，意味著自己內心很自私，不懂得奉獻，只考慮自己的利益，而忘了朋友為你做的犧牲。

夢到你的腿不聽使喚，暗示正陷入貧窮。

 夢見牙齒意味著什麼

夢見數自己有多少牙齒，會受到侮辱。

夢見數別人的牙齒，是祥兆，意味著能戰勝敵人。

夢見拔牙，不久要買房置地。

女人夢見拔牙，生活會豐裕。

生意人夢見拔牙，能做一筆能獲大利的生意。

農民夢見拔牙，豐收在望。

夢見牙疼，能發財。

 ## 夢見毛髮意味著什麼

頭髮：

夢見長了白頭髮，會憂傷悲哀。

夢見短頭髮，說明會有短期的噩運。

夢見自己的頭髮長長了，說明要得病受窮。

夢見別人的頭髮長長了，是自己厭煩世俗想要出家修行。

女人夢見掉頭髮、剪頭髮，是守寡的兆頭。

鬍子：

夢見自己的鬍鬚長長了，說明事業成功工作順利。

夢見鬍鬚變短，會損害威嚴。

夢見有人拉自己的鬍鬚，會受到侮辱。

夢見鬍鬚變彎曲了，將要陷入困境。

常識篇
016

概念篇
043

方法篇
055

心理篇
074

身體篇
094

 ## 夢見血意味著什麼

夢見血受傷，表示做事會遭到失敗。

孕婦夢見流血，表示病情將會好轉，能生下一個健康的寶寶。

夢見自己在喝血，是發財的祥兆。

夢見血，自己的財產會有繼承人。

夢見床鋪或衣服上有血跡，會患重病，或受刑事案件牽連。

夢見別人的床鋪或衣服有血斑，仇人會被自己征服，並向自己求饒。

夢見血流成河，是即將發大財的好兆頭。

 ## 夢見糞便意味著什麼

大便金黃色象徵金錢，夢見大便暗示將會獲得大量的財物，可以嘗試參加抽獎活動。也有可能會在貴人的幫助下獲得權力，得到很多財富。

男人夢見在公共廁所大便，要注意身體疾病。

女人夢見在公廁裡解大便，會受到污辱和歧視。

男人夢見在自家廁所小便，一切困難都會過去。

女人夢見在自家廁所裡小便，會成為出色的家庭主婦。

夢見身上有糞便或踩到糞便，預示著財運降臨，即將諸事順利，心想事成。

夢見衣服沾到糞便，金錢方面的收入會增加，也許除了零用錢的收入之外，還有兼職的進帳，總之會有新的收入出現。

病人夢見在自家廁所小便，身體一定會康復。

廁所裡大便橫溢的夢，是招來財福的金錢夢，暗示你不用透過辛勤的勞動就能得到財富，預示著即將得到意外的橫財。

夢見自己掏糞將給你帶來好運，表示金錢運好轉，有可能發大財。

夢見大小便弄髒身體，暗示你將會得到一筆不菲的財富。生意人做這個夢，表示事業之路將會一帆風順，即將賺取滾滾錢財。

夢見自己掉進茅坑再爬出來，將會萬事大吉。

夢見自己背著大小便進屋，大吉大利。生意人做此夢，表示事業會更上一層樓，錢財兩旺。

夢見堆積成山的大便，表示事業或投資將會獲得令人矚目的成功，帶來大量錢財。

夢見用手捏著大便，表示正在進行的事業或投資一帆風順，不久的將來就會發大財。去買彩券是個不錯的選擇，有可能得到頭獎的意外驚喜。

夢見踩別人的大便後癱坐在地上，是凶兆。

常識篇

016

概念篇

043

方法篇

055

心理篇

074

身體篇

096

夢見滿地都是大便，暗示富貴之神將會垂青於你。生意人做此夢表示將會在他人的協助下事業獲得成功，得到榮華富貴。

 ## 夢到吃喝意味著什麼

夢到自己在大請客，請人吃大餐，這是一個很不好的夢，代表「家欲破」，意味著有可能家破人亡或破財。

做夢喝酒是不會醉的，但如果你在夢中覺得已經醉了，這是不好的，暗示你的健康可能出了問題。

如果夢到你吃東西一直吃到吐，代表你把髒東西吐了出來，自己的病情很快就會好了。

做夢夢到吃生肉時，表示你在現實生活中可能會和人起爭執。注意這裡的生肉是指生魚片以外的生肉。

如果夢到自己在夢中拼命喝酒，不管是跟朋友還是獨自一人，這代表現實生活中會招惹口舌。

 ## 夢見各種味道意味著什麼

酸味：

夢見自己喜歡的酸味，表明做夢人健康狀況良好。

女人夢見不喜歡的酸味，千萬不要輕易吃伴侶的醋。

男人夢見不喜歡的酸味，千萬別輕易做承諾。

甜味：

在夢中聞到甜味，意味著你心裡充滿著幸福與甜蜜，對現實非常滿足。

未婚男女夢見甜味，表示桃花運非常旺盛，很快會獲得甜蜜的愛情。

已婚男女夢見甜味，預示著婚姻甜美和睦。

苦味：

夢見藥的苦味，表明要虛心，謙卑，學會聽取來自各方的建議。

夢見其他的苦味，意味著你心裡有煩惱，要學會找人傾訴。

辣味：

夢見辛辣之味，提醒做夢人凡事要三思而行。

夢見食物辣得受不了，說明現實中身邊人對做夢人太好了。

夢見辣椒的辣味，表明做夢人是個急性子的人。

夢見蒜的辣味，說明做夢人不會也不喜歡社交活動。

香味：

女人夢見從丈夫身上聞到香味，預示生活幸福美滿。

夢見植物的香味，說明身體健康。

男性夢見撲鼻的異香，要當心會被壞女人糾纏。

女性夢見特別的香味，是暗示自己不要輕易動情。

常識篇
016

概念篇
043

方法篇
055

心理篇
074

身體篇
097

健康篇

做夢會不會影響睡眠

日本科學家分離出人腦中的兩種和睡眠有關的肽，一是促無夢睡眠肽，一是促有夢睡眠肽，並以此做研究。科研人員用促有夢睡眠肽使動物的有夢睡眠時間加長，發現這些動物大都壽命延長了，這從一定角度證明做夢是有益於健康的，從而推翻了長久以來的說法：睡覺時多夢會影響人的健康。

準確的說，做夢的過程中做夢人會不斷地調整自己，將白天受到的各種刺激變成知覺編入夢的具體情節之中。這種刺激一旦得到回應，那麼做夢人就可以繼續安眠，這也是保證健康睡眠的基礎。佛洛德很早就揭示出夢的這種特殊性，他的解釋是，夢除了能幫助我們釋放精神，更重要的是在維持我們的睡眠。佛洛德在《夢的解析》中做了很詳盡的分析，說口渴了想喝水，冷了想穿衣服，肚子餓了找食物等等刺激如果不能在夢境中得到實現，那麼就很容易驚醒。相反，想要睡得安穩，那麼只有依靠夢的實現來緩和，但同時也會呈現出焦慮來。出於這樣的原因，佛洛德把夢稱為「睡眠的監護人」。

為什麼說做夢是人體的生理需要

健康篇
100

財富篇
108

服飾篇
113

文體篇
118

住宅篇
127

每個人一生當中約有三分之一的時間用於睡眠，假若能活七十歲的話，用在睡眠上的時間大約是二十七年。這二十七年的睡眠當中約五分之一的時間在做夢，那麼用於做夢的時間至少要有五六年之久。這麼長的做夢時間，好像在浪費睡眠，事實上，做夢是人體的生理需要，能起到很多積極作用。主要有以下幾點：

（1）恢復和加強腦功能

做夢能使腦的內部產生極為活躍的化學反應，使腦細胞的蛋白質合成和更新達到高峰，而迅速流過的血液則帶來氧氣和養料，並把廢物帶走，為第二天投入新的活動打下基礎。可見，夢有助於腦功能的恢復和加強。

（2）愉悅身心

做甜蜜的美夢，常給人帶來愉快、舒適、輕鬆等美好的感受，使人頭腦清醒、思維活動增強，這有助於消化和身心健康，對穩定人們的情緒，促進和提高人的智慧活動能力，都大有裨益。難怪生活中有人將「祝您做一個美夢」作為睡前問安的一句口頭禪。

（3）延長壽命

根據研究顯示，嬰幼兒在每天長時間的睡眠中，有百分之五十左右的時間是在做夢。這些夢的內容是什麼，至今仍然是一個不解之謎。但人們認為，如果嬰兒睡眠時眼球迅速轉動，那就表示他們是在把自己醒著時感覺的大量刺激存儲在記憶裡。老年人的有夢睡眠卻大大減少，每晚不過一小時左右。如果計算一

下，無夢睡眠在人的一生中會相對保持不變，從出生時的八小時到老年時的六小時，而有夢睡眠卻變化很大。若能設法增加有夢睡眠時間，便可延長壽命。

（4）促進創新

佛洛依德說：「夢境不僅具有複製的功能，而且具有創新的功能。」許多人都有這樣的體驗：冥思苦想不得其解的問題會在夢中找到答案，難以記憶的東西會在夢中「記憶猶新」。這就使人聯想到，做夢是否會有益於人的智力。

總之，正常範圍內的夢對維護人的身體健康是有好處的，並不像很多人所擔心的那樣會危害健康。

 # 不做夢對身體有哪些壞處

每個人在睡眠中一般會經歷四至六個睡眠週期，且在每個週期裡都會做夢。這就意味著，在正常情況下，人每晚都會做四至六個夢，而在過分疲勞、生病、面臨困境或重大變動、焦慮、緊張等情況下，就更容易做夢。

夢每晚都會光臨我們的睡眠，差異只在於有時我們能意識到，有時則不能。這主要看我們是否在某個睡眠週期中醒來以及睡眠週期是否中斷。研究發現，人如果在某個睡眠週期結束時醒來，夢的內容常常無法被回憶，因為夢的性質屬於短期記憶，若

健康篇
101

財富篇
108

服飾篇
113

文體篇
118

住宅篇
127

健康篇

102

財富篇

108

服飾篇

113

文體篇

118

住宅篇

127

不經多次重複或轉化爲長期記憶，很快就會被遺忘。但如果睡眠週期被打斷，此時人又正在做夢，那麼這個夢的內容就能被記起來。因此，人在醒後所記得的夢境大多屬於最後做的那個夢。

有專家指出，所謂的「一夜無夢」，只是我們不記得自己曾在夜裡做過夢。但如果經常覺得「夜長夢多」，則是睡眠品質不高的信號。人如果意識到自己在夜裡不停的做夢，也就意味著睡眠曾多次中斷；記得自己做了幾個夢，則表示夜裡曾醒過幾次。睡眠時斷時續，自然就會使人覺得疲勞乏力。

正常的夢境活動，是保持身體活力的重要因素之一。正如一些研究專家所說：夢對睡眠的影響，其實是一種生理的自然與外界的對抗。只有控制好一些生理的本能動作或反應，才能使夢與睡眠積極配合，從而有益於人體的健康。

 怎樣透過夢預測疾病

有些疾病在沒有發生之前，常常預先以做夢的形式表現出來。尤其是做噩夢，噩夢雖然會使人不愉快，還會干擾睡眠，但這往往是癌症和其他一些疾病的早期信號，尤其是經常反覆的做一些內容大致相同的噩夢，則可能是明顯的疾病跡象，並可揭示將要發生的病變部位、性質和輕重程度。

有位婦女感到極度疲乏，但仍硬撐著繼續工作。一天晚上，

她夢見自己正死命的抓住窗框不讓自己掉下樓去，但終因體力不支而掉了下去。兩天之後，她在工作時暈倒了。醫生診斷她得了尿路感染，是因為憋尿時間過長所致。

西方著名釋夢家認為，在身體疾病出現之前會有一次「預兆夢」，因為在夢中，身體所有細微的感覺都被放大了。如上例中的婦女，她的夢提醒她別把自己逼得太緊了，同時也表現出一種下意識的願望，希望就此住手，不再做了。如果把她的夢解釋為「你得病了」似乎有點不大妥當，因為夢的內容實在沒有什麼可以和「尿路感染」這種疾病聯繫起來的。還比如，得了膀胱炎的人會夢見泉水；得了肺病的人會夢見窒息等。這種看法從古代一直延續到科學醫療的出現，甚至時至今日，睡夢分析專家們都沒有提出異議。

 ## 為什麼做夢能反映情緒危機

夢境除了能透露一些潛在的疾病信號外，還能在某種程度上反映人的精神狀況。工作繁忙的林先生說，自己的夢裡常常會出現過去高考前夕緊張讀書的場景，不是在緊張的考試，就是有做不完的題目，時間不夠用，人覺得很焦慮。

這是一種典型的夢境，反映的是人在現實生活中的精神狀態。恐懼、焦慮、壓抑等現代人普遍的「情緒危機」，在睡夢中

健康篇
103

財富篇
108

服飾篇
113

文體篇
118

住宅篇
127

健康篇

104

財富篇

108

服飾篇

113

文體篇

118

住宅篇

127

被不受抑制的表現出來，只不過林先生在當下遇到的壓力，在夢中被轉換成中學時代的一種情景表現了出來。

那怎樣才能讓睡眠充足又安穩呢？

睡眠本該讓身體和心靈在夜間得到充分的放鬆和恢復，但現代人如果長期處在「心理壓力」下，睡眠品質就會受到影響，往往會影響白天正常的工作和生活，最終形成惡性循環。

要保持充足、安穩的睡眠，除了應進行及時的心理調節和自我放鬆外，養成良好的睡眠習慣也至關重要。

（1）作息要有規律。對工作忙碌的人來說，週末補眠要適度，因為過度賴床會擾亂正常的生物鐘。

（2）讓床的作用「單一化」，少在床上看書、打電話、看電視。在床上進行其他活動，會破壞定時睡眠習慣。

（3）睡前應避免劇烈的運動，心理壓力很大時，不妨聽聽舒緩的音樂來放鬆心情。

（4）睡前不要過飽或過饑，尤其要遠離咖啡、酒精和尼古丁。

 ## 為什麼說做性夢是正常的心理和生理現象

春夢，即性夢。這是青春期性成熟後出現的正常心理和生理

現象，在青年中普遍存在。據調查，約有百分之七十的人經常或有時會夢見性活動，且男性多於女性。同時，男女兩性的性夢內容和表現有所不同。

一般來說，男性的性夢常伴有射精，即夢遺。夢中情人多為不認識或僅僅見過面的女性，卻很少夢見自己所愛的人，夢中的情景總有幾分奇幻、幾分恍惚，非普通語言能形容。醒後往往回憶不起夢境的全部細節。對於成熟而未婚的男性來說，性夢是緩解性欲衝動的途徑之一，一般多則每週一次，少則每半個月或每個月一次，許多例子顯示，在婚前戀愛期裡，性夢特別多，有時甚至一夜三次入夢，大抵白天都有擁抱、接吻這一類的行為，晚上便有性愛的夢境。許多研究發現，性夢的發生與睡眠的姿勢以及膀胱中積尿的數量沒有顯著的關係，而與睡前身體上的刺激、心理上的興奮、情緒上的激發和精囊中精液的充積量有關。

女性的性夢與男性相比有較大的差異。未婚女性的性夢往往錯落凌亂，變化無常，很難有清晰的性夢。即使已婚的女性，能做真正的、清晰的性夢，並伴有陰道黏液的分泌，也不能起到洩欲的作用，但女性在醒後能夠回憶起夢境的內容。

心理學家認為，性夢是一種正常的性生理和性心理行為，性夢的發生與體內性激素量、性心理有密切關係。作為一種自然發洩，性夢起到了一種安全閥的作用，以緩解積累起來的性張力。因此，有過性夢經驗的朋友，不必為自己的經歷而焦慮和羞怯，應順其自然，同時要把主要精力放在學習和工作上，避免過多的接受各種性資訊和性干擾。

健康篇
105

財富篇
108

服飾篇
113

文體篇
118

住宅篇
127

健康篇

106

財富篇

108

服飾篇

113

文體篇

118

住宅篇

127

 ## 為什麼做夢能調節體溫

　　從生理上來說，做夢是必需的。研究者觀察發現，所有溫血動物都會做夢（即有眼球的快速運動現象），而所有冷血動物都不會做夢（無眼球的快速運動現象）。這個簡單的觀察結果，引起了研究人員的推測：做夢會不會是跟溫血動物體溫調節有關呢？研究結果顯示，當我們的體溫在夜間降低的時候，做夢階段經由腦神經活動的增加，會幫助維持我們大腦的溫暖。我們睡覺的時候，體溫會下降 1.5℃左右，這種體溫下降有助於我們在睡覺時更快的恢復體力。這個學說認為我們的大腦比身體對溫度的變化要敏感得多，因此大腦就利用做夢來維持身體適當的溫度，使之不會太低，也不能太高。

 ## 小龍女睡寒玉床有科學依據嗎

　　金庸武俠小說的小龍女有個千年寒玉床，據說可以幫助習武之人增加內力。武俠的內容多半虛構，睡千年寒冰床的構想有沒有科學根據呢？

　　從生理上來說，做夢是必需的。據研究者觀察發現，所有溫

血動物都會做夢，而所有冷血動物都不會做夢。這個簡單的觀察結果引起了研究人員的注意：做夢是溫血動物的專利，這極有可能和溫血動物能自行調節體溫有關。經過不斷的實驗，科學家得出結論，人的體溫在夜裡會降低，這種降溫活動有助於體力的快速恢復，但是如果連大腦的溫度也降低的話，是有害身體的健康的。做夢的時候腦神經細胞會持續活動，以保持大腦的溫度維持不變，確保人體的健康。

這樣一來，似乎小龍女睡寒玉床就有理可循了。寒玉床可以降低人體溫度，有助於體力恢復，補充這些武俠人士白天的練功所需能量。不過，小龍女要是睡覺不做夢的話，就無法保持大腦的溫度，那麼她就有可能沒有小說所描述的那般「冰雪聰明」了。

財富篇

夢見鑽石意味著什麼

夢見自己佩戴鑽石，愛情會遇到麻煩。

未婚女子夢見佩戴鑽石，會嫁給一位稱心如意、富有的男子。

夢見珍珠意味著什麼

男人夢見珍珠，收入會減少。

女人夢見珍珠，首飾會遺失。

男人夢見戴珍珠項鍊，妻女會受苦。

銀行家夢見珍珠，生意會好轉，發大財。

工作人員夢見購買珍珠，會被提升。

失業者夢見遺失了珍珠，不久會找到工作。

夢見贈送珍珠給朋友，自己的名聲會大震。

夢見饋贈給妻子珍珠，兩人的感情會更深厚。

女人夢見贈送給丈夫珍珠，丈夫會因破產而痛苦不已，但是夢見得到珍珠，會被擢升。

夢見住宅周圍撒滿了珍珠，家裡會發生內訌。

夢見強盜搶劫了自己的珍珠，會繼承一筆財產。

夢見贈給仇人珍珠，仇人會向自己屈服。

 夢見寶石意味著什麼

女人夢見寶石，是祥瑞。

男人夢見寶石，要遭厄運。

男人夢見買寶石，財產會被搶劫一空。

女人夢見佩戴寶石首飾，娘家要舉行婚禮。

小偷、強盜夢見寶石首飾，會被關進監牢。

 夢見黃金意味著什麼

夢見黃金是失敗的預兆。

女人夢見金子遺失，是要買新首飾的預兆。

夢見有人送黃金給自己，會遭遇損失。

健康篇
098

財富篇
110

服飾篇
113

文體篇
118

住宅篇
127

夢見錢財意味著什麼

夢見吝嗇鬼給別人錢財，表示可能會被竊賊偷走全部的積蓄。

夢見發了財，大吉大利。

夢見給別人錢財，是不祥之兆。

夢見含辛茹苦的賺錢，非但不會得到財富，反而處境會更加艱難。

夢見錢包意味著什麼

男子夢見鼓鼓的錢包，各方面都能取得成功。

女人夢見空錢包，會更加愛丈夫，丈夫也會更真摯地來愛她。

女人夢見鼓鼓的錢包，會背叛丈夫。

小偷夢見裝滿錢的錢包，要受到懲辦。

工作人員夢見空錢包，薪水會減少。

生意人夢見空錢包，倒楣的日子要來到。

夢見從別人那裡得到裝滿錢的錢包，朋友會背信棄義。

健康篇
098

財富篇
112

服飾篇
113

文體篇
118

住宅篇
127

女人夢見拿別人的錢包，丈夫會不喜歡她。

少女夢見拿到戀人裝滿錢的錢包，不久會結婚。

夢見上司給自己一個空錢包，會被解職。

夢見給別人錢包，是祥瑞。

夢見給妻子一個鼓鼓的錢包，妻子會生男孩。

夢見給仇人錢包，會降服仇人。

生意人夢見給朋友錢包，會開闢一個新的商業點。

夢見偷別人的錢包，會受到人們的尊敬。

夢見錢包丟了，不久會買房置地。

夢見搶別人的錢包，會官運亨通。

夢見空錢匣，生意會虧損，財破名毀。

夢見盛滿錢的鐵匣，意味著富裕，目的和願望都能實現。

服飾篇

健康篇

098

財富篇

108

服飾篇

114

文體篇

118

住宅篇

127

夢見衣服意味著什麼

夢見乾淨的衣服，是好兆頭。

女人夢見洗髒衣服，生活會幸福。

夢見髒衣服，將要生病。

已婚女子夢見髒衣服，家人會發生爭吵。

夢見襪子意味著什麼

夢見購買襪子，很快要去旅行。

夢見送別人襪子，能交新朋友。

女人夢見穿襪子，能得到丈夫或戀人的愛。

旅行者夢見穿破襪子，旅行會愉快、順利。

商店老闆夢見穿破襪子，生意能獲利。

夢見襪子遺失了，財產上所遇到的危機會解除。

男人夢見穿襪子，預兆要生病。

夢見收到別人送的襪子，會憂慮重重。

夢見帽子意味著什麼

　　習慣戴帽子的人夢見買帽子，能獲成功。但是不習慣戴帽子的人夢見買帽子，則意味著生活無計畫，愛亂花錢。

　　女人夢見戴帽子，家裡要來女客人。

　　夢見戴破帽子，會缺吃少穿。

夢見鞋意味著什麼

　　男人夢見穿新鞋，要交好運。

　　未婚男子夢見穿新鞋，不久能得到戀人的愛。

　　未婚女子夢見穿新鞋，會嫁給寬宏大量、聰明能幹的男人。

　　已婚女子夢見穿新鞋，夫妻會相親相愛。

　　夢見買鞋，很快要去旅行。生意人夢見買鞋，生意會興旺。

　　夢見用鞋打人，職位會被提升。

　　夢見送鞋給別人，會應邀出席婚禮。

　　鞋匠夢見修鞋，會影響自己的前途。

　　夢見穿舊鞋，倒楣的日子會到來。

　　夢見鞋子不見了，災難會臨頭。

健康篇
098

財富篇
108

服飾篇
116

文體篇
118

住宅篇
127

夢見偷別人的鞋，朋友會與你爲敵。

 夢見項鍊意味著什麼

熱戀中的女子夢見佩戴銀項鍊，伴侶會富有。

未婚男子夢見收到項鍊禮物，會娶殷實之家的千金爲妻。

夢見購買項鍊，家裡要辦喜事。

夢見項鍊不見，是不祥之兆，會貪污公款，遭受重大損失。

夢見製作項鍊，會做有利可圖的生意。

夢見佩戴金項鍊，會有消息。

夢見自己的項鍊斷了，會聽到壞消息。

夢見鐵項鍊斷了，有好事。

夢見佩戴鐵項鍊，要被關進監牢。

 夢見耳環意味著什麼

夢見耳環，婚姻美滿、幸福。

已婚女子夢見自己佩戴金耳環，可能會生一個漂亮的男孩。

男人夢見自己戴金耳環，可能會一生冥頑不靈、愚昧固陋。

也可能是妻子會很快懷孕的徵兆。

夢見別人戴銅耳環，收入會銳減。

 # 夢見戒指意味著什麼

已婚男子夢見戒指，會得到愛情。

已婚女人夢見戴金戒指，會生男孩。

未婚男子夢見戴金戒指，能與自己意中人結為伉儷。

未婚女子夢見戴金戒指，會與陌生人一見鍾情。

熱戀中的男子夢見戴金戒指，會見到自己的情侶。

已婚男子夢見妻子送戒指給自己，妻子會更愛自己。

女人夢見丈夫送戒指給自己，生活會幸福、富有。

未婚男子夢見戀人給自己戒指，不久要結婚。

男人夢見戒指遺失了，夫妻會拌嘴。

女人夢見遺失了戒指，會長期與丈夫分離。

夢見得到金戒指，是凶兆，會遭受損失。

夢見買戒指，家裡要舉辦婚禮。

男人夢見賣金戒指，意味著要出國訪問。

生意人夢見買金戒指，生意能賺大錢。

夢見戴銀戒指，是將要生病的預兆。

夢見戴金屬戒指，家會一貧如洗。

文體篇

夢見寫字意味著什麼

失業者夢見鵝毛筆寫字，不久會得到辦公人員的職位。

夢見別人寫文章，滿懷憂慮。

夢見妻子寫作，夫妻會分離。

夢見寫信，會身體強健。

女人夢見寫信，意味著聲譽鵲起。

夢見妻子寫作，夫婦會分離。

生意人夢見寫信。生意會發展到國外。

生意人夢見用鵝毛筆寫字，會被人誣告，損失重大。

編輯夢見寫著寫著筆尖掉了，會遭到逮捕，並且被判長期徒刑。

夢見題詞，能升官進爵。

法官夢見寫審判決定，是吉祥的徵兆，能得到民眾的擁戴。

夢見使用舊筆、破筆寫字，會出任瀕臨關閉的機構負責人，經濟會受到損失。

夢見用鵝毛筆寫字，預示著將要做一筆新生意。

 ## 夢見繪畫意味著什麼

健康篇
098

財富篇
108

服飾篇
113

文體篇
120

住宅篇
127

夢見畫、繪畫、畫像，能使雙方的情感更加深厚。

夢見以繪畫爲生，是凶兆，會遭受損失。

失業者夢見油畫，不久能端上鐵飯碗，而且還能高升。

夢見畫森林或花園，能名揚天下。

夢見爲朋友畫像，意味著能和朋友充分溝通，相交以心，在你遇到困難的時候能得到朋友最大力量的幫助。

夢見爲妻子和戀人畫像，表示在感情上更在乎對方的感受，會讓雙方的情感更好。

夢見爲仇人畫像，表示會花很大的精力去研究對方的弱點，知己知彼，因而會主動向對方挑戰。

夢見爲畫展作畫，參加比賽肯定能獲獎。

夢見爲自己畫像，意味著努力瞭解和認識自己。努力追求外在的成功，不如轉而追求自我價值的最大實現，能夠主動去瞭解認知自己，能有所作爲。

夢見幫畫家繪畫，收入會增加。

 ## 夢見跳舞意味著什麼

夢見和別人一塊跳舞，表示做夢的人身體健康是吉祥的夢。

夢見自己跳舞，意味著按部就班做事，就可以取得應有的成就，得到職位的晉升。

夢見和戀人共舞，意味著雙方的愛情會日漸深厚。 夢見別人跳舞，自己坐在一旁觀看，會收到不幸的消息。

夢見與女人共舞，是不吉利的預兆，即將會破產。

夢見女人跳舞，表示財運來到，會獲取很多財富。

女人夢見男人跳舞，會嫁給一位船長或首領。

夢見在舞會跳舞，在性方面將出現新進展，與異性的關係將發展到擁吻的程度，會渡過美好的時光。

 ## 夢見音樂意味著什麼

夢見聽音樂、樂器聲或者歌聲，意味著好運會來臨，是吉祥的徵兆。

年輕的男人夢見情侶用悅耳的聲音歌唱或者演奏樂器，預示著即將擺脫憂愁和煩惱，擁有安靜寧和的一生。

夢見自己吹奏樂器，聽眾露出悲哀神情意味著會得罪朋友。

夢見聾子聽音樂，表示即將有憂怨痛苦的事情發生。

夢見出席在仇人家舉行的音樂會，表示會受到朋友的欺騙。

病人夢見聽音樂，身體很快康復。

夢見很多人在奏樂、歌唱，表示家裡年長者將要去世。

夢見應邀出席音樂會，意味著會得到大家的尊重。

夢見大堂有音樂表演表示會有喪事。

健康篇
098

財富篇
108

服飾篇
113

文體篇
122

住宅篇
127

 夢見唱歌意味著什麼

病人夢見唱歌，健康能恢復。

犯人夢見歌唱，會被釋放。

生意人夢見唱歌，生意將突然蕭條。

夢見在唱卡拉OK，說明心中有強烈的欲望，渴望性愛。有時這也是正在祕密談戀愛時會做的夢。

大聲唱歌是一種聲嘶力竭的狀態，象徵著痛苦。

男人夢見大聲唱歌，會遇到憂愁和痛苦，需要在言行上有所收斂。

已婚女子夢見大聲唱歌，意味著自己將承受分娩的痛苦，快要生孩子了。

夢見唱歌後大家為你鼓掌，表示你希望戀情能被大家認同。

少女夢見大聲歌唱，會應邀參加親戚的婚禮，

夢見妻子唱歌，家庭會幸福美滿。

女人夢見自己在歌唱，但卻沒有聽眾，是不祥之兆，不久將要撒手歸天。

女人夢見丈夫唱歌，不久後將會懷孕，生下一個男孩。

工作人員夢見聽歌唱家唱歌，是不祥的徵兆，會聽到不幸的消息。

夢見聽敵人唱歌，能降服敵人。

夢見和朋友一塊唱歌，是祥瑞，意味著做夢的人身體健康。

夢見唱哀歌，身體會強壯，是吉兆。

夢見別人唱歌，很快會得到好消息，是非常吉利的。

夢見聽妓女唱歌，會有女性家庭成員去世。

夢見彈琴意味著什麼

士兵夢見戰友彈琴，會被提升。

病人夢見彈琴，病體會痊癒，身強體壯。

夢見彈琴，即將會有讓你灰心失望的事情發生。

夢見自己彈琴，將會非常勞碌，但卻很難實現自己的目標。

女人夢見彈琴，有可能厭棄勞碌的生活，選擇出家遠避紅塵。

做夢聽到別人彈琴表示生活會富裕，是吉利的徵兆。

生意人夢見琴弦突然斷了，生意會受到意外的打擊。

夢見讀書意味著什麼

男人夢見讀書，能獲得愛情，愛情能得到成功。

健康篇
098

財富篇
108

服飾篇
113

文體篇
124

住宅篇
127

夢見妻子讀書，會有好事發生。

女人夢見讀書，意味著會得到丈夫更多的寵愛。

學生夢見讀書，將能在考試中獲得優異的成績。

已婚女子夢見看書，會生一個有德有才的千金。

生意人夢見看書，會擺脫困境。

夢中看書報，意味著知識的積累和學習的進步。

青少年夢見看書報，預示自己非常聰慧，又很努力，學習成績會越來越好。

成年男人夢見看書報，暗示能獲得愛情。

生意人夢見看書報，意味著生意能成功。

夢見看書報時字跡模糊不清，或是書報掉落在地，暗示會有人對做夢者搞小動作。

夢見敵人讀書是凶兆，敵人會聲威大震。

夢見讀歡迎詞，會名聲大噪。

夢見對聽眾宣讀自己的發言稿，一切努力都會落空。

夢見讀寫在地上的字，是不祥之兆，會有人搞陰謀反對自己。

夢見讀石頭上刻寫的文章，會智力超人，遠近聞名。

少女夢見看書，將會嫁給一位有知識、有教養的男人。

已婚男子夢見看書，會喜得貴子，這個孩子日後將成為一個遠近聞名的學者。

夢見讀好書，會名揚天下。

夢見讀壞書，會名譽掃地。

夢見有人讀書寫字是大吉兆。

夢見看別人讀書，會喜得貴子。

夢見考試意味著什麼

夢見自己被趕出考場，會考試失敗。

夢見參加考試，吉兆，會有好運氣。

夢見自己監考，會揚名天下。

考生夢見考試未通過，考試會取得非常好的成績。

夢見跑步意味著什麼

夢見在草原上跑步，表示身體健康。

夢見參加障礙賽，不是好預兆，工作上會遇到很多障礙。

生意人夢見跑步，能賺大錢，

病人夢見跑步，會很快恢復健康。

囚犯夢見跑步，表示將要破壞獄規，會受到很重的懲罰。

旅遊者夢見跑步，路上會發生車禍。

夢見賽跑要遭厄運，事業會失敗。

健康篇
098

財富篇
108

服飾篇
113

文體篇
126

住宅篇
127

夢見在沙路上跑步，會被指控犯了刑事罪。

夢見在石頭地上跑步，敵人會緊追不捨，企圖擊敗自己。

男子夢見跑步，事業會成功。

女人夢見跑步，表示賢淑能幹，能把家務事會安排得很有條理。

 ## 夢見游泳意味著什麼

生意人夢見動物游泳渡河，表示生意會做的很順利。

病人夢見自己正在游泳渡河，身體不久會痊癒。

夢見自己游泳，表示自己會身體強壯。

夢見自己游過河去，意味著度過了一次考驗，事業將會取得成功。

孕婦夢見游泳渡河，會遇到困難。

夢見妻子游泳渡河，夫妻會產生隔閡。

夢見朋友游泳渡河，朋友會拋棄自己。

夢見仇敵游泳渡河，能降服仇敵。

旅行者夢見自己正在游泳渡河，旅行會圓滿結束。

夢見別人游過河去，則會遇到困難。

夢見朋友游過河去，會與朋友斷絕友情。

住宅篇

健康篇
098

財富篇
108

服飾篇
113

文體篇
118

住宅篇
128

夢見房屋倒塌意味著什麼

夢見房屋倒塌，其實是象徵著一件煩惱事被解決，家人幸運的躲過該災難，說明煩惱事對你身邊的人並沒有造成太大影響。

夢見自己的房屋裂了一條大縫或一個大洞，表示財產將要受損失。

夢見小偷在自己的屋頂上，能發財。

夢見屋頂是用石灰或水泥築成，是祥兆。

夢見樓房意味著什麼

夢見樓房，大樓是男性的象徵，夢見仰望高樓表示對男性的憧憬。

夢見爬上高樓表示渴望有個情人。

夢見從高樓頂向下看感到害怕，表示對性愛既期待又害怕。

夢見新房，是朋友與友誼的象徵。

夢中出現新房子，表示做夢者很樂觀。

夢見自己喬遷新居，預示做夢者會結交一批很好的朋友。

夢見裝修新房子，預示做夢者將會得到貴人相助。

夢見空屋意味著什麼

空屋子讓人產生孤獨感覺。夢中的空屋是缺乏感情的象徵。

夢見空無一人的房子,意味著夢者缺乏愛情的滋潤。

夢見空蕩蕩的房屋,表示做夢者心裡比較寂寞。

夢見年久失修的空屋,預示著家庭生活不能令做夢者滿意。

夢見公寓意味著什麼

夢中的公寓,代表的是財富與順利。

夢見公寓乾淨整潔,預示做夢者的生活順心如意。

夢見公寓雜亂無章,意味著做夢者會遇到暫時的麻煩。

夢見別墅意味著什麼

夢見別墅,是祕密與隱私的象徵。

未婚男女夢見別墅,意味著心中有個小祕密。

健康篇

098

財富篇

108

服飾篇

113

文體篇

118

住宅篇

130

已婚男女夢見別墅，意味著心中珍藏著一份感情。

 夢見客廳意味著什麼

夢見客廳乾淨整潔，說明夢者日常生活很有情趣。

夢見客廳高朋滿座，預示夢者會得到貴人的幫助。

夢見客廳髒亂不堪，意味著夢者有失落感。

 夢見臥室意味著什麼

臥室是人睡覺和進行性愛的場所。夢中的臥室，是幸福與美滿感情的象徵。

未婚男女夢見乾淨整潔的臥室，預示將會擁有幸福和愛情。

已婚男女夢見溫馨舒適的臥室，表明心中對家庭生活的嚮往與熱愛，意味著會獲得美滿的婚姻。

 夢見書房意味著什麼

現實中的書房，是探求、學習知識的地方。夢中的書房，代表的是知識與學業。

知識份子夢見書房，預示著事業上會卓有成就。

學生夢見書房，意味著學業上會成績斐然。

農民工人夢見書房，意味工作枯燥無聊，渴望得到知識的慰藉。

夢見廚房意味著什麼

廚房是調理美味佳餚的場所。夢中廚房是美滿生活的象徵。

夢見乾淨整潔的廚房，預示著做夢者將擁有幸福與健康。

夢見雜亂無章的廚房，是提醒做夢者要注意身體。

家中的客廳，是休閒和接待客人的地方。夢中的客廳，預示著遠方的消息與真摯的朋友。

女性夢見廚房，預示著會嫁給一位體貼周到的丈夫。

夢見洗手間意味著什麼

洗手間是清洗身體和排除大小便的地方。夢中的洗手間，是

內心思想的某種表現。

夢見洗手間太髒，意味著做夢者渴望清除一些對自己沒有用的東西，卻有心無力。

夢見洗手間乾淨雅致，意味著做夢者生活高雅，辦事順利。

夢見急於找洗手間很久才找到，暗示做夢者喜好想入非非。

夢見在清洗洗手間，表示做夢者想擺脫和清除一切消極因素。

 ## 夢見陽臺意味著什麼

夢中的陽臺，是幸福如意的象徵。

夢見陽臺鬱鬱蔥蔥，預示感情豐富而且快樂。

夢見陽臺乾淨整潔，意味著生活幸福如意。

夢見陽臺雜亂無章，預示生活之中會有小小的不順心。

已婚男人夢見在陽臺上睡覺，暗示夫妻生活會幸福美滿。

未婚男子夢見在陽臺上睡覺，表示會很快成家立業。

夢見自己的陽臺裂了一條大縫，意味著財產將要遭受損失。

夢見陽臺是用石灰或水泥築成，表示做夢者會安然無恙。

夢見修理陽臺，提醒做夢者會身無分文，災難臨頭。

交通篇

交通篇

134

公共場所篇

143

生活用品篇

150

兵器篇

159

自然篇

165

 夢見交通設施意味著什麼

天橋：

男性夢見天橋，表示他胸懷大志，事業會蒸蒸日上。

女性夢見天橋，表示她善於交際，會擁有許多的朋友，並會得到他們真心的幫助。

夢見自己站在天橋上，暗示著做夢人對自己的工作或事業要作出選擇，宜量力而行。

人行道：

夢見人行道，是做夢人心中希望穩步前進的一種表現。

男性夢見人行道，表示他正在朝成功邁進。

女性夢見人行道，表示她有調適心理的想法，力避冒險，力求穩中有升。

夢見人行道沒有盡頭，暗示做夢人與成功無緣。

紅綠燈：

紅燈停，綠燈行。夢見綠燈，顯然是吉利的，表示諸事如意。夢中出現綠燈，表示做夢人心中希望計畫能夠順利實施。

男性夢見綠燈，表示工作會順順利利。

女性夢見綠燈，表示生活溫馨幸福，樂在其中。

夢見綠燈突然滅了，暗示做夢人會遇到小小的挫折，宜謹慎應對。

寧停三分，不爭一秒。夢中的紅燈，代表的是前進中的小障礙。

夢見紅燈，表示做夢人的計畫在實施時不會十分順利，會遇到小麻煩。夢見闖紅燈，是在提醒做夢人做事時不要過於衝動。

 ## 夢見車禍意味著什麼

夢見在家中發生事故，那麼表示你很擔心家人。

夢見辦公室裡的事故，那麼你很渴望在工作上取得好成績。

夢見飛行事故，預示著你最近缺乏自信，對別人也失去了信心。

夢見自己在事故中受傷了，說明你渴望一種穩定的感覺，可以選擇週末與知心好友一起出遊調整心情。

夢到你的親人都被大卡車壓死，不要內疚，你不是真的希望你的家人全部慘死，只是對於家人的限制和干涉有所不滿，很想有個自由獨立的生活空間，在潛意識中有想讓他們暫時消失的欲望。

 ## 夢見各種交通工具意味著什麼

交通篇
135

公共場所篇
143

生活用品篇
150

兵器篇
159

自然篇
165

交通篇

136

公共場所篇

143

生活用品篇

150

兵器篇

159

自然篇

165

飛機：

夢見飛機，意味著將要去旅行，很快會見到久別的親友。

夢見自己急匆匆的登上飛機，表示做夢人的親屬會有人生病。

夢見飛機起飛，意味著冒險或進入不可知狀態。

夢見正在降落的飛機，表示一件新生事物終有成果，或者一個計畫嚴密的冒險活動取得了預期的成功。

夢見自己駕駛著飛機，象徵著做夢者在尋找獨立的空間。

船隻：

船和水有關，和水一樣，它可以象徵女性：比如，內心中的女性化部分，或者母親、母性。船也可以當做女性的性象徵，船的搖晃也可以作為性的解釋。

夢見乘船離開國內的海岸而駛往國外，象徵著進入陌生的領域。

夢見乘船橫渡一個窄的水道，象徵死亡或者從生命的一個階段到另一個階段，或和過去決裂，開始全新的生活。

夢見船不見了，意味著將失去一次改變生活的機會。

夢見獨乘一葉小舟，表示應該學會忍受孤單和寂寞。

夢見在一艘大船上逗留，做夢人的注意力將會轉移到團體關係上。

夢見錯過一班船，表示應該放棄過分、不切實際的要求，即利用一切機會。

火車：

夢中出現火車，表示心中希望計畫能夠早日實現。

夢見火車飛馳向前，預示著計畫會順利實施。

夢見火車是停止的，意味著計畫會推遲。

夢見火車誤點，預示著做夢人對自己目前所接觸的戀人抱著遲疑不決的態度。

地鐵：

地鐵是現代城市交通發展的產物。做有關地鐵的夢，代表事業的騰飛。

夢見地鐵，表示經過一段時間的奮鬥後就會取得成功。

夢見自己駕駛地鐵列車，預示著做夢者能掌握事業的方向。

夢見自己乘坐地鐵，意味著做夢者會得到貴人的幫助。

夢見地鐵停開，表示做夢人近期的工作沒有頭緒，難有進展。

夢見地鐵擁擠不堪，暗示著做夢者眼下煩惱不斷。

汽車：

夢見自己駕駛汽車，但掌握不好方向盤，表示做夢人對自己命運無法自控。

夢見車燈或擋風玻璃的雨刷出了問題，表示看不清方向。

夢見汽油用完了，表示缺乏精力。

夢到車胎爆了，表示「洩了氣」。

夢見自己是乘客，意味著做夢者還沒掌握自己的生活或其他某些部分。

夢見剎車，表示夢者具備能力控制某種局面。

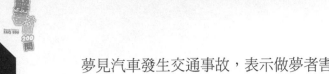

交通篇

138

公共場所篇

143

生活用品篇

150

兵器篇

159

自然篇

165

夢見汽車發生交通事故，表示做夢者害怕喪失生活中的某些能力。

夢見汽車熄火，顯示了做夢人在身體和感情方面的勞累。

夢見自己在駕駛汽車時十分馬虎大意，意味著做夢者缺乏處理事務的責任心。

夢見自己駕駛的汽車被別人超過了，表示做夢人感到遭受輕視。

夢見自己把車開翻了，表示做夢人需要立刻回心轉意或者收回成命。

公共汽車：

公共汽車意味著所有的人共處一個環境中，暗示著做夢人與自己所在團體的關係，或者做夢人正在思考著自己將如何與自己周圍的同事和夥伴相處；另外，也意味著做夢人正處於一個團體之中，但是卻感到了某種壓力，迫切希望與團體中的其他人合作。同時，公共汽車也意味著做夢人目前的生活一帆風順，面對的局面良好。

夢見等候公共汽車，預示做夢者距離成功還有一段距離。

夢見乘坐公共汽車，表示做夢者會在他人的引導下登上事業的巔峰。

摩托車：

摩托車是個人機動的交通工具，它使人們外出更為快捷，辦起事來更為省時省力，夢中出現摩托車，意味著順利與如意。

夢見摩托車，表示做夢者正在忙著做某件事情，而且忙得不

亦樂乎。

夢見騎著摩托車飛馳，預示夢者從事的工作進展順利。

夢見摩托車壞了，意味著會遇到一點小的麻煩。

夢見摩托車被人偷走，意味著夢者的情人離自己而去，甚至銷聲匿跡。

自行車：

自行車是一種雙輪交通工具，靠腳蹬著前進。夢中出現自行車，代表的是順利與努力。

夢見騎著自行車飛馳，預示著做夢者目前諸事順利。

夢見推著自行車，表示做夢者的計畫在穩步進行。

夢見自行車掉鏈子了，暗示做夢者將在工作中遇到小麻煩。

夢見自行車破舊不堪，表示做夢者可能對伴侶感到厭惡。

夢見扛著自行車，提示做夢者不要做一些徒勞無功之事。

 ## 夢見道路、渡口意味著什麼

馬路：

條條大路通羅馬。夢中的路，象徵生活道路。

夢見岔路，暗示機會無限，可以適當選擇。

夢見自己走了某一條路，表示做夢者內心深處已有明確選擇，可以大膽的進行。

交通篇

139

公共場所篇

143

生活用品篇

150

兵器篇

159

自然篇

165

交通篇
140

公共場所篇
143

生活用品篇
150

兵器篇
159

自然篇
165

夢見平坦的道路，暗示做夢者的人生道路會一帆風順，只管前行就是了。

夢見彎曲的、崎嶇的道路，暗示做夢者的人生道路坎坷。

夢見丁字路、十字路，意味著做夢者的人生將出現轉捩點，需要慎重的選擇。

夢見遇到了友善的路人，暗示做夢者有貴人相助，一切都會順利；夢見兇悍的路人，表示做夢者會有小人擋道，提示其應謹防陷阱。

鐵路：

夢見鐵路，表示做夢者希望在生活中選擇羊腸小徑，暗示做夢者在選擇前進道路時是完全自由的，可以自己做決定。

夢見鐵路的兩根鐵軌，表示做夢者只有一個前進方向。

夢見鐵路上有多根鐵軌，暗示做夢者有多種選擇。

橋：

一橋飛架，天塹變通途。夢中的橋，象徵感情上或者精神上的轉捩點。

戀愛中的男子夢見橋，意味著與女友的距離漸小，兩情相悅，有望結婚。

談判人員夢見橋，意味著與對手溝通良好，雙方互惠共贏。

老年人夢見橋，意味著人生短暫，死亡已近。

夢見橋有倒塌的危險，表示做夢者對生活中的變化充滿焦慮。

夢見自己從橋上掉下來，意味著做夢者的一切都會落空。

隧道：

夢中的隧道，是女性生殖器的象徵。

夢見走過隧道後豁然開朗，表示隨著性愛行為而來的快感，暗示對令人亢奮的性高潮滿懷期待。

夢見走進隧道，隧道內壁有水滴落，表示對性生活有強烈的興趣。

科研人員夢見隧道且隧道的盡頭有一線光亮，表示研究正接近尾聲。

夢見隧道被東西堵塞了，表示做夢者可能因為從前的某次經歷或恐懼而畏縮不前。

碼頭：

船靠碼頭，車靠站。夢中的碼頭，象徵人生的轉捩點。

夢見碼頭，表示做夢者在不久的將來會有一次愉快的旅行。

夢見船即將停靠碼頭，意味著做夢者未來的生活會順心遂意。

夢見船即將離開碼頭，意味著做夢者將開始實施一項長遠的計畫。

渡口：

欲到對岸先到渡口。夢中的渡口象徵計畫實現和幸運出現。

夢見渡口，河水清清，岸上靜靜，意味著做夢者還沒有競爭對手，不久將心想事成。

夢見渡口人聲嘈雜，自己在煩躁不安的等船，意味著做夢者渴望改變現狀，但環境條件不佳，需靜下心來，好好規劃事業。

交通篇

142

公共場所篇

143

生活用品篇

150

兵器篇

159

自然篇

165

 ## 夢見旅行意味著什麼

士兵夢見出外旅行，意味著要走赴前線，並能立功受獎。

夢見與旅行者交談，會有好消息。

夢見和旅行者交朋友，會上當受騙，但是能破財免災。

生意人夢見自己旅行，意味著生意的拓展，將會發財。

夢見和戀人一起旅行，則意味著雙方能有很好的溝通，能互相寬容，並且形成了很深的默契，不用很久，就可以喜結良緣。

男性老年人夢見要去旅行，會與世長辭。

夢見和朋友一起旅行，意味著熱心幫助朋友取得成就，朋友將能夠為你赴湯蹈火。

女人夢見一個人去旅行，會威信掃地。

夢見和妻子一塊去旅行，婚姻會美滿、幸福。

病人夢見隻身一個人去旅行，會長期臥床不起。

公共場所篇

交通篇

133

公共場所篇

144

生活用品篇

150

兵器篇

159

自然篇

165

 ## 夢見電影院意味著什麼

夢見電影院表示你內心已經起了逃避現實的念頭，做了這個夢後需要刻意安排一些時間來讓精神得到休息。

夢見的電影內容是一種預知夢。

夢見畫面上出現地震或颱風的話，表示你的工作將有異動，或是情人將被調至外地工作。

夢見劇情沒有照你所想的發展，表示你對現狀感到不滿。

 ## 夢見旅館意味著什麼

旅館通常是外出的人短暫逗留、棲息的地方。夢中的旅館，是生活漂泊不定的象徵。

夢見自己身處旅館，意味著做夢者煩惱多多，希望擺脫困境。

夢見和一位異性在旅館，意味著做夢者可能會有桃花運。

夢見一家人都待在旅館裡，意味著夢者即將喬遷新居或換個居住環境。

夢見酒店意味著什麼

在酒店裡沒有人知道你是誰，也沒有人干擾你的計畫。夢中的酒店是實現計畫的象徵。

夢見自己住在酒店裡，意味著做夢者家庭生活不夠和睦，渴望擺脫責任。

夢見自己居住的酒店破舊不堪，意味著做夢者即將遇到麻煩。

夢見和幾位好友在酒店裡，意味著做夢者的計畫將得到他人的支援。

夢見醫院意味著什麼

醫院是治療疾病的場所，是死亡或獲救的地方，同時也是充滿危險和傷害的地方。夢中的醫院，是主宰命運的象徵。

夢見自己到醫院探望別人，暗指做夢者身體某一部分不適，提醒做夢者應該對此引起注意。

夢見自己被送進醫院或住院，提示做夢者可能會被某個試圖獨自承受的重負所壓倒，應當尋求幫助。

交通篇

133

公共場所篇

146

生活用品篇

150

兵器篇

159

自然篇

165

夢見參觀醫院或在醫院裡任職，預示將有驚人的消息來到。

夢見圖書館意味著什麼

夢見圖書館是文化的象徵，是一座堆放人生經驗的「大倉庫」，是代表著知識和運用知識的方式。夢見自己在圖書館裡埋頭看書，暗示做夢者對現實生活不滿，從而埋頭讀書。

夢見在圖書館看文科類的書籍，表示做夢者對古代人的生活感興趣，或正在為未來尋找康莊大道。

夢見在圖書館看理科類的書籍，表示做夢者講求實際、實效。

夢見在圖書館裡鬼鬼祟祟，並不研究學問，意味著做夢者的欺騙行為雖然暫時可以矇騙別人，獲得信任，但最後必然會被識破。

夢見各種娛樂場所意味著什麼

廣場：

廣場彩旗飄飄，遊人雲集，夢中的廣場，是心想事成的象

徵。

夢見寬闊的廣場，意味著做夢人的工作順利如意。

夢見綠草茵茵、鮮花遍地的廣場，表示做夢人的生活快樂而幸福。

夢見廣場上有和平鴿，預示著做夢人的期望會順利實現。

夢見廣場上有許多人和自己打招呼，表示做夢人人緣好，會得到朋友的幫助，使得事業一帆風順。

公園：

公園既是人們閒暇休憩之所，也是青年人比較喜歡的約會地點，夢中的公園，代表的是成績與愛情。

夢見美麗的公園，是做夢人心中幸福與快樂的表現。

男性夢見在公園散步，表示工作環境很好，會取得出色的成績。

女性夢見在公園散步，意味著感情生活幸福、甜蜜，會擁有美好的愛情。

夢見公園裡環境很差，表示做夢者自己對戀人失去愛意，已到該考慮分手的時候了。

動物園：

動物園中有各種不同的動物，象徵不同的生命和諧共存，夢中的動物園，代表的是生機與母愛。

夢見與家人一起遊覽動物園，表示做夢人的心裡充滿歡樂的情感。

男性夢見動物園，是事業即將獲得成功的象徵。

交通篇

133

公共場所篇

148

生活用品篇

150

兵器篇

159

自然篇

165

女性夢見動物園，表示心中充滿母愛，能成為賢妻良母。

夢見自己在動物園中逗留許久，反映了做夢人希望瞭解自己某些本能和需求，說明做夢人一直在試圖對自己作出客觀的評價，並希望回歸簡單質樸的生活。

兒童樂園：

兒童樂園是孩子們的好去處，夢中的兒童樂園，代表的是快樂與幸福。

夢中出現兒童樂園，是做夢人內心快樂無比的表現。

夢見孩子們在兒童樂園中玩，預示著快樂、幸福與做夢人相伴。

夢見自己在兒童樂園中玩，意味著做夢人天真無邪、快快樂樂。

夢見兒童樂園裡空蕩蕩的，表示做夢人人緣欠佳，已經到達檢點自己行為的時候了。

遊樂場：

遊樂場中往往有許多大型冒險性遊樂器具，人們在遊樂之餘，也能體驗冒險的樂趣。夢中的遊樂場，代表的是冒險與浪漫。

夢見遊樂場，表示做夢人尋求富有冒險與快樂的活動。

男性夢見遊樂場，表示他比較喜歡刺激的活動，富有冒險精神。

女性夢見遊樂場，表示她比較浪漫，喜歡旅遊等活動。

夢見與戀人一起去遊樂場，表示其婚姻生活將在浪漫和刺激

中充滿激情。

酒吧：

酒是一種輕微的麻醉劑，它既能消愁，也能添愁。做有關酒吧的夢，代表的是尋求理解的意思。夢中出現酒吧，是做夢人希望尋求一點刺激的表現。

男性夢見酒吧，表示心中希望尋找一種平衡。

女性夢見酒吧，表示想傾訴一下心中的隱情。

夢見和戀人一起去酒吧，表示在追求一種浪漫的生活方式。

生活用品篇

夢見浴盆意味著什麼

夢見浴盆，表示會成為處理家務的能手。

夢見在澡盆裡洗澡，表示可能要遭厄運。

已婚女子夢見在浴盆裡洗澡，表示不久的將來會懷孕。

未婚女子夢見在澡盆裡洗澡，表示將會為婚事憂心忡忡。

病人夢見在浴盆裡洗澡，表示將會慢慢恢復健康。

生意人夢見在浴盆裡洗澡，表示生意會遇到困難。

囚犯夢見在浴盆裡洗澡，表示不久將會自由。

旅遊者夢見在浴盆裡洗澡，表示途中將會發生車禍。

夢見購買浴盆，表示做夢人將要生病。

夢見鏡子意味著什麼

男人夢見照鏡子，表示將會結交上愛撒謊的朋友。

男人夢見自己映在鏡子裡的影子，表示會身體健康，壽比南山。

已婚女子夢見自己在鏡子裡的模樣，表示會更疼愛丈夫。

少女夢見鏡子裡的影子，表示能找到稱心如意的夫君。

交通篇

133

公共場所篇

143

生活用品篇

152

兵器篇

159

自然篇

165

病人夢見得到了一面鏡子，表示病情將會惡化。

理髮師夢見鏡子，表示生意將會獲利。

已婚女子夢見鏡子，表示丈夫會愛上別的女人。

夢見手裡的鏡子掉在地上摔碎了，表示大難將要臨頭。

 夢見扇子意味著什麼

夢見扇子，表示將會得到朋友的幫助，能擺脫困境。

夢見爲仇人搖扇子，表示他會屈服於自己。

夢見從梯子上掉下來，表示會受到歧視和非禮。

夢見女人手裡拿著扇子，表示生意會興旺。

夢見立扇，表示會開設新廠，能獲大利。

夢見吊扇，表示會成爲商會會員。

夢見扇子破了、壞了，表示助手會背叛自己。

 夢見梯子意味著什麼

夢見上梯子，表示將揚名四海。

夢見下梯子，表示經濟會受損，名譽掃地。

學生夢見從梯子上跌落下來，表示會落榜。

生意人夢見下梯子，表示獲利較少。

孕婦夢見下梯子，表示將要流產。

夢見自己的梯子不見了，表示要提防小偷。

夢見繩索意味著什麼

夢見繩索會長壽。

女人夢見繩索，表示會與丈夫永不分離。

男人夢見編制繩索，表示會囊中羞澀。

女人夢見編制繩索，表示會身陷囹圄。

犯人夢見編制繩索，表示會受到監獄官的照顧。

農民夢見編制繩索，表示會發生旱災，導致糧食減產。

夢見線繩，表示要去長途旅行。

夢見攀繩上房，表示會被擢升。

夢見傢俱意味著什麼

夢見擺設的傢俱，表示好運將要到來。

交通篇
133

公共場所篇
143

生活用品篇
153

兵器篇
159

自然篇
165

交通篇

133

公共場所篇

143

生活用品篇

154

兵器篇

159

自然篇

165

夢見非擺設的傢俱，表示將要遭受損失。

夢見新傢俱，表示會去遙遠的國家經商。

夢見拍賣別人的傢俱，是仇視有錢人的徵兆。

夢見雜亂無章的傢俱，表示妻子將要生病。

女人夢見變賣家裡的傢俱，表示夫妻會感情不和。

 ## 夢見大鐘意味著什麼

大鐘象徵著蒼穹，是上天的概念。夢中的鐘聲，意味著警告不幸或死亡在即，暗示很難奏效或取信於人。

夢見大鐘，表示做夢者跟其他生活在遠方的或者不熟悉的人進行對話。

夢見自己親自敲鐘，表示做夢者迫切希望自己被別人承認和肯定。

夢見教學的大鐘，表示美好的福音。

 ## 夢見床意味著什麼

床指一個人最可親近的地方，或者表示純潔的感覺。

夢見獨自一人上床睡覺，表示做夢者希望回到母親懷中盡享安全和保護。

夢見一張新鋪好被褥的床，暗示做夢者必須改變生活中某些舊的觀念。

夢見跟另外一個人一起上床，表示做夢者有性欲要求。

男人夢見自己的床著火，意味著妻子將生病。

女人夢見自己的床著火，意味著丈夫將生病。

女人夢見嶄新的床鋪，意味著即將懷孕。

夢見桌子意味著什麼

桌子是一種有社會和職業功能的傢俱。夢中的桌子，象徵著決定和決斷能力。

男人夢見桌子，意味著要有額外開支。

女人夢見桌子，預示家庭會產生爭執。

夢見坐在桌子旁邊吃飯，預示做夢者會名聲大震。

生意人夢見坐在桌子旁邊吃飯，預示生意會發展到國外。

工作人員夢見坐在桌子旁邊吃飯，暗示會被提升。

夢見擦桌子，預示做夢者能身居高位。

夢見購買桌子，意味著做夢者要開始新的生意。

交通篇

133

公共場所篇

143

生活用品篇

156

兵器篇

159

自然篇

165

夢見冰箱意味著什麼

冰箱的用途是保存食物，由此引申，在夢中表示自衛的意思。此外，它還表示做夢者感情上的冷漠或性冷淡。

夢見冰箱中的食物變質，說明做夢者童年沒有得到很好的照顧和撫養。

夢見新買一台冰箱，意味著做夢者將改變一些生活習慣。

夢見自己把剩菜、剩飯放入冰箱，表示做夢者心存怨恨，或者已經對別人的關注失去了興趣。

夢見冰箱壞了，表示做夢者面對攻擊時的自衛能力的喪失。

夢見電視意味著什麼

夢見自己在看電視，注意節目的內容以及自己的反應。如果對正在發生的事情感到很遙遠、很漠然，那可能表示做夢者對某個主題不感興趣。

夢見肥皂劇，表示做夢者嚮往虛構生活。

夢見電視連續劇，暗示做夢者與故事裡的某個人物產生共鳴或者故事情節跟做夢者的經歷很相似。

夢見自己參加電視節目，表示做夢者有意要獲得一個廣泛的觀眾群。

夢見自己在收聽廣播節目，意味著做夢者應當仔細聆聽別人傳達的訊息。

夢見電腦意味著什麼

電腦表示精神上的印象，代表著過去、現在和未來，還表示正在回憶往事或者對以前儲存的訊息進行整理。夢中的電腦象徵著具備某種天賦或潛力。

夢見自己在玩電腦遊戲，暗示做夢者現實生活中的某個情景。

夢見遊戲剛開始，說明做夢者還很不成熟，缺乏經驗。

夢見遊戲結束，暗示做夢者做的事情敗露或者不再需要偽裝。

夢見遊戲很乏味，意味著做夢者要重新找一份工作。

夢見照相機意味著什麼

交通篇

133

公共場所篇

143

生活用品篇

158

兵器篇

159

自然篇

165

照相機是用於拍照。夢中的照相機，象徵著必要的警惕。

夢見照相機，意味著做夢者對以往生活的留戀，或者對過去戀情的懷想和追憶。

夢見自己使用照相機，表示做夢者希望記住或正在關注某一事件。

夢見別人為自己拍照，表示做夢者希望注意自己在某些場合的行為與應對能力。

夢見將照相機中的照片保存起來，表示做夢者希望自己不要忘記還有哪些必須完成的事等著去處理。

兵器篇

交通篇

133

公共場所篇

143

生活用品篇

150

兵器篇

160

自然篇

165

 夢見刀意味著什麼

　　夢中刀的象徵意義應當根據夢境中的具體使用確定。

　　夢見把刀當做禮物送給朋友，預示著做夢者現實中與朋友關係的決裂。

　　夢見用刀攪拌東西，意味著做夢者會與他人發生衝突。

　　男性夢見佩帶刀，說明做夢人男子氣十足。

　　女性夢見刀，表示她對男性的腕力、身體的能力的追求。

　　夢見刀折斷或彎曲，表示做夢者對性能力的擔心。

　　夢見刀上沾滿鮮血，意味著做夢者災禍臨頭，應該儘量避免和他人直接衝突。

 夢見劍意味著什麼

　　夢見自己佩帶一柄寶劍，象徵做夢者有能力培養出特殊的力量，並根據自己的信仰來正確運用這些力量。

　　夢見自己對一名陌生人揮劍，表示做夢者體內潛伏著好戰因子，願意為信仰而戰。

　　夢見有人遞給自己一把劍，表示做夢者身受上層權威的庇

護，可以根據自己的標準作決定。

夢見從別人手中奪取短劍，說明做夢者有能力、有辦法解除敵人的威脅，有能力克服一切不幸。

 ## 夢見匕首意味著什麼

匕首是一種短小的貼身武器。夢見匕首，意味著做夢人的防禦心理和警惕的性格。

夢見使用匕首進攻別人，表示做夢者希望從深層次對自身保守的性格進行革除，希望擺脫它。

夢見遭受匕首襲擊，意味著做夢者受到傷害，尤其是指精神上遭受傷害。

男性夢見炫耀自己的匕首，表示內心空虛，希望得到異性的撫慰。

夢見鑲嵌寶石的匕首，意味著做夢者聲名鵲起，前途光明。

夢見遺失了匕首，意味著做夢者在關鍵時刻失去幫助，使自己的聲譽受損。

夢見把匕首送給別人，意味著做夢者能戰勝對方，取得勝利。

交通篇

133

公共場所篇

143

生活用品篇

150

兵器篇

161

自然篇

165

交通篇

133

公共場所篇

143

生活用品篇

150

兵器篇

162

自然篇

165

夢見棍棒意味著什麼

斬木爲兵，揭竿而起。夢中的棍棒，是地位提高的象徵。

夢見自己用棍棒擊打別人，反映了做夢人人性中潛藏著暴力傾向或危險的自發攻擊傾向。

夢見用棍棒指揮音樂，意味著做夢者地位將有所提高。

夢見被棍棒打中，預示著做夢者會受到前所未有的尊敬。

夢見他人用棍棒打鬥，表示自己的環境會有所改變。

夢見鞭子意味著什麼

夢見用鞭子鞭打別人，表示做夢者心中存在著一種報復心理。

夢見別人用鞭子鞭打自己，表示做夢者的周圍可能存在著小人。

夢見自己雙手擎鞭跪在他人面前，表示自己心悅誠服，甘願服從。

夢見別人送給自己鞭子，表示自己有可能獨當一面，叱吒風雲。

夢見槍支意味著什麼

　　槍支往往與攻擊殺戮聯繫在一起，夢中的槍支，表示挫折。

　　夢見槍聲，預示著做夢者在財產方面有處理不當的地方，存在損失的可能。

　　女性夢見槍聲，暗示做夢者平時行爲欠檢點，好與人爭吵，有名譽方面的損失。

　　夢見自己用槍打死了人，表示做夢者會受到輿論的指責，面臨失敗或失業的危險。

　　夢見有人對自己開槍，自己卻沒有受傷，意味著做夢者將受到犯罪的指控，但最終可以免於刑事處罰。

　　夢見槍走火，預示做夢者會有不幸的事情發生。

　　女人夢見隨身帶槍，意味著家裡可能會遭到搶劫。

夢見炮彈意味著什麼

　　炮彈開花，身體分家。夢中的炮彈，代表的是情與性。

　　男性夢見炮彈，是心中情與性的一種流露與表現。

　　未婚少女夢見炮彈，表示希望找一位軍人做丈夫。

交通篇
133

公共場所篇
143

生活用品篇
150

兵器篇
163

自然篇
165

交通篇

133

公共場所篇

143

生活用品篇

150

兵器篇

164

自然篇

165

已婚女性夢見炮彈，表示幻想著擁有一份婚外情。

夢見火箭意味著什麼

夢中的火箭，代表的是財運。

夢見火箭發射，表示做夢者財運較好，會掙到許多錢，但開銷較大。

夢見火箭升空表示做夢者生意興隆，但錢來得快去得也快。

夢見自己在製造火箭，表示做夢者有被伯樂相中的可能。

夢見子彈意味著什麼

夢中的子彈，含有煩惱與疾患之意。

夢見子彈，提示做夢人不要輕易向旁人坦露心跡，以免給今後的生活帶來不必要的麻煩。

夢見自己被子彈擊中，暗示做夢者應去做一次健康檢查，做到防患於未然，以確保身體的健康。

夢見子彈像雨點一樣射來，但自己卻毫髮無損，表示做夢者生活中的煩惱雖然很多，但自己卻能夠坦然面對。

自然篇

夢見月亮意味著什麼

　　夢見滿月大放光彩，表示萬事如意。尤其在愛情方面，將不會有爭執和吵架等情形發生，可度過一段甜蜜的日子。

　　夢見滿月東升，表示將大展宏圖。這時如果倍加努力用功或做事，將會有更好的成績。平常默默無聞的你，這時可以一鳴驚人。

　　夢見月亮從地平線上升起，意味著財運上升，每天都可以過得很寬裕。但千萬不要浪費，否則上升的財運將會失去。

　　夢見月亮由山後升起，表示朋友運好轉，困難時可獲得援助。比如口袋空空，連喝杯飲料的錢都沒有時，將會有朋友請客。

　　夢見月光由窗戶照進來，表示愛情方面將有新的發展。如果目前沒有異性朋友，將會與身邊的人產生感情。

　　夢見月亮倒映水面，表示休閒活動增多。多到戶外去走走，一定有好事等著你。

　　夢見在月球上漫步，是智力提高的象徵。表示頭腦將會變得清晰無比，考試、做事也將有好成績，會受人賞識。

　　夢見月亮西下，表示愛情方面將產生重大危機，搞不好愛情將要破裂，至少會有長期分離的可能。這個時候，要多替對方想想。

夢見弧形月亮高掛天空，表示愛情將停滯。可能即使在約會，也無話可談，場面尷尬……

夢見月亮掛在樹梢，表示心神不寧。友人、情人的言談容易惹你生氣，這時必須保持心靜。

夢見月亮照在身上，表示健康方面亮紅燈。尤需注意呼吸系統的疾病，如傷風、扁桃腺發炎等。

夢見白天有月亮，表示將有倒楣事發生。也許會被人敲竹槓，或被醉鬼糾纏等，儘量少出門。

夢見星星意味著什麼

夢見一顆星閃閃發亮，表示長久以來的願望將得以實現，但此夢不可告訴別人，否則，幸運將消失。

夢見騎在彗星上飛行，表示有意想不到的好事，你的心情將因此而非常輕鬆。

夢見燦爛的星星佈滿天空，表示財運將好轉。

夢見流星，表示愛情停滯的可能性很大。也許對方的心已向著第三者，或為了小事，兩人的心已背道而馳。尤其在夢見流星群時，這種可能性更大。

夢見發亮的星星忽然消失，表示身體方面可能會出問題。可能在上體育課時受傷，或出門時發生交通事故，凡事都要小心。

交通篇
133

公共場所篇
143

生活用品篇
150

兵器篇
159

自然篇
168

夢見天空意味著什麼

夢見晴空萬里，表示愛情會有進展，可以進行一場快樂的約會。最好選擇公園、海邊、野外等地為約會場所。

夢見爬上樓梯望天空，表示財運大展，會始料未及的得到一筆意外的收入。

夢見向天空升起，是桃花運的象徵。也許會在路上遇到心目中的人對你微笑，或已經鬧翻的情人要求重新交往等。

夢見天空仙女飛舞，表示會有好事發生，也許有一筆鉅款從親戚方面得來。

夢見天空天馬飛奔，表示將萬事如意。愛情方面也將很順利，兩人的心將更緊密的連在一起。

夢見吊在氣球上升到天空，表示可能會發生交通事故。上下樓梯、穿越馬路時，要特別小心。騎車或開車就得更加小心了。

夢見自己高高在天空浮游，表示運勢衰微。尤其健康方面得擔心，有小病沒有治好而變成大病的趨向……

夢見天空陰暗，表示追求變化的心漸趨強烈，無法使內心平靜下來，總想搞出新花樣。不要輕舉妄動，遇事三思而後行。

夢見拿著的錢飄在天空中，表示財運轉壞，將會為意外的支出而煩惱，遇扒遇搶的可能性很大。夢見從天上跌下來，將有不順心的事情發生。

夢見下雨意味著什麼

交通篇
133

公共場所篇
143

生活用品篇
150

兵器篇
159

自然篇

169

夢見撐著傘在雨中步行，表示將走桃花運。本來只有點頭之交的心上人，可以試著親密交往。

夢見雨水淋濕花草，「雨過天晴」，表示所有煩惱事、傷心事將獲得圓滿解決，恢復快樂的日子。與冷戰中的朋友也能言歸於好，兩人之間的友情將更趨深厚。

夢見雨中出現動物，暗示寫作靈感將至。這時寫文章，將文如泉湧，可以寫寫情書寄給意中人，或向報社投稿。

夢見被陣雨淋濕，表示將有意外的收穫。低額的統一發票可能有中獎的機會，也可以參加各項有獎徵答活動，或是買彩券。

夢見雨中登山，表示人際關係有麻煩。除了友情將產生裂痕之外，與老師、雙親、兄弟等的感情也將不太順利。要以謙虛的態度待人接物。

夢見與情人在雨中步行，表示愛情容易破裂。這時要注意不可和情人吵架，吵架會導致分手。

夢見鞋被雨淋濕，表示愛情有可能停滯。約會時要有新點子，最好避免常去的約會地方。

夢見天花板漏雨，要注意消化系統的健康。小心暴飲暴食引起消化不良，或因食用冰箱中的剩餘食物而患腸炎。

夢見細雨綿綿般的梅雨，表示財運將有下降的可能，支出將

遠遠超過收入。要注意節省。

 夢見風意味著什麼

夢見和風徐徐吹，表示愛情將會進一步發展。如果想跟暗戀的意中人更親密，不必遲疑，可以展開攻勢。

夢見強風吹打窗戶，表示也許有青梅竹馬的友人忽然來訪，將有一番美好的回憶。

夢見吹起龍捲風，是雨過天晴的象徵。有可能找回遺失的東西，或沉浸在失戀的痛苦時出現了安慰你的異性。

夢見逆風前行，表示前途多難。尤其在與異性交往方面，將事事不如意。此時，應慢慢等待，時機與緣分一到將能夠心想事成，一切順利。

夢見乘風飛翔，表示在個人行為方面出現負面形象。和同事大談上司的壞話，結果被上司聽到，得不償失。千萬要當心自己的言談舉止。

夢見強風吹倒房子，這是事故突發的紅燈信號。尤其在身體方面有遭受危難的可能，應注意做事不要逞強。

夢見雪意味著什麼

夢見在雪地上翻滾嬉戲，表示愛情有轉機。與情人之間的關係雖然會一度冷淡下來，但那只是短期性的，愛情很快就會復活。如果夢中有雪人出現，兩人的愛情必更趨向於穩固。

夢見在積雪的森林中漫步，表示技能運良好，經常受到周圍人的欣賞。不妨參加文藝演出，可以得到熱烈的喝彩。

夢見積雪，表示將有煩惱事發生。最好把事情告訴長輩，看他們有什麼妙招。

夢見在冰凍的雪路上滑倒，表示在行為方面可能會有異常。也許會把飯盒打翻，在眾目睽睽之下出洋相。

夢見晴天下雪，表示身體狀況變差的可能性很大。也許會患傷風、食物中毒、扁桃腺發炎等，要注意。

夢見龍捲風意味著什麼

男人夢見龍捲風，表示能找到失散的朋友。

夢見龍捲風，表示女客人會登門。

男人夢見龍捲風，表示會和失散多年的朋友重逢。

交通篇
133

公共場所篇
143

生活用品篇
150

兵器篇
159

自然篇
172

女人夢見龍捲風，表示會有客人來找自己。

旅遊者夢見龍捲風，表示會安全的歸來。

生意人夢見龍捲風，表示生意會突然受到挫折。

病人夢見龍捲風，表示病情會更加惡化。

囚犯夢見龍捲風，表示不久將會與親戚見面。

 ## 夢見火意味著什麼

夢見柴火熊熊燃燒，表示在戀愛方面會更趨熱烈，只用書信和電話交談，已無法使兩人滿足，非要每天約會不可。但熱情過度難免被灼傷，別忘了有時要冷靜一點。

夢見手持火炬行走，表示在愛情方面有上升的趨勢。起初對你愛答不理的人，將會被你的真情所打動。

夢見從火中把人救出，表示在交友方面必有好事。你的煩惱，將會有朋友為你分擔，或真心關心你的健康等。

夢見火燒自己家，表示在物質上將變得很富裕。你想要的東西，也許近日內就可以得到，但這些東西絕不是金錢。

夢見在黑暗中有星星之火，暗示你的新計畫將順利進行。如果你正想開始學習英語會話、書法、吉他、鋼琴等，預示你會獲得成功。

夢見煙火沖天，表示家庭成員會有好事，譬如說父親職位高

升、增加薪水等。你的零用錢當然也會有所增加。

夢見火球在空中飛，表示具有非常敏銳的直覺，可以精確地猜出試題，你將有意想不到的好成績。

夢見登高遙望遠處的火焰，表示由於疏忽而犯錯誤的可能性很大。如把約會的時間記錯，結果讓對方空等一個小時……像這種事情，千萬不要讓它發生。

夢見蠟燭在燃燒，表示健康方面有問題，尤其要注意會發生創傷與骨折的可能。如果騎車上學或上班，要特別小心。

夢見火燒山，表示有水難之相，應該儘量避免接近海、湖、河川等有水的地方。有被盜的可能，對金錢、貴重物品的管理要小心謹慎。尤其在車廂中，要注意扒手。

 ## 夢見水與水災意味著什麼

夢見遠望平靜的水面，表示人際關係非常順利。

夢見在水上任意步行，表示願望即將實現。但不能空等，必須努力爭取。

夢見水面掀起漣漪，表示將開始新的戀情。

夢見在游泳時遇到人，表示將有意外的場面使你尷尬難堪。

夢見溺水，表示健康方面有隱患。舊病復發的可能性非常大，尤其是過敏性體質的人，或曾經患過腎炎的人，要特別小

交通篇
133

公共場所篇
143

生活用品篇
150

兵器篇
159

自然篇
174

心。

　　夢見罕見的水災，表示會遭敵人反擊。

　　已婚女子夢見水災，表示將要忍受子宮疾病的折磨。

　　未婚女子夢見水災，表示父母會同意她與心上人結婚。

　　老年男人夢見水災，表示會平靜的離開人世。

　　夢見自己家的房屋被洪水沖倒，表示家人之間可能會發生爭執，起因可能是你雙親之間的事情。這時，最好要控制你的任性，設法與雙親溝通。

 ## 夢見彩虹意味著什麼

　　夢見七色齊全的彩虹，表示將萬事如意。這時可以向意中人表達情意，一定沒有問題。

　　夢見七色不全的彩虹，表示將有不愉快的事情發生，尤其是人際關係將亮起紅燈。要遠離一向不合的人。

　　夢見彩虹掛在山上，表示學業將有長進。

　　夢見彩虹與太陽同時出現，表示財運轉好，將有充足的零用錢。

　　夢見出現兩條彩虹，表示在交際上將有強敵出現，再不振作起來，也許你的情人會被人搶走。

　　夢見彩虹掛在原野上，表示財務上有些不妥。錢包管得太

鬆，容易浪費，注意不要衝動消費。

 ## 夢見山川意味著什麼

高山：

夢中見到山表示希望和困難。夢中見到一座座高山，通常都是象徵著做夢人必須克服的重重障礙。

夢見站在一座高山頂端，意味著做夢者能克服懼怕，戰勝自己。

夢見從山上滑落下來，表示在日常生活中仍有許多不慎之處。

夢見登山，意味著步步高升。

夢見和朋友一塊兒爬山，則表示困難時期會得到朋友的幫助。

冰山：

夢中的冰山，是困難的象徵。

夢見冰山，預示做夢人將遇到十分棘手的問題，而且解決這個問題比較麻煩，比想像中的還難解決。

夢見冰山擋在前面，表示在人生的旅途中會遇到前所未有的困難與障礙。因此，必須冷靜的思考問題，採取妥善的辦法解決困難。

交通篇
133

公共場所篇
143

生活用品篇
150

兵器篇
159

自然篇
176

火山：

火山是一種意義豐富的象徵。如果火山熄滅，表示做夢人「扼殺」了自己的熱情，或者表示長期困擾他的形勢終於結束了。

夢見火山爆發，說明做夢人沒有控制住一種形勢或自己的感情，說明兩者會以令人痛苦的方式突然出現。如果熔岩出現在明顯的位置，表示上述的感情非常深沉。如果熔岩凝固，表示熱情的冷卻。如果感覺到火山的爆炸力，表示憤怒的心情。

夢見休眠火山或者死火山，它可能表示過去的問題已經平靜下來，火已經撲滅。

懸崖：

夢見陌生人從懸崖上跌落下來，表示能制伏自己的仇敵，但是會與自己的支持者分道揚鑣。

夢見妻子從懸崖上掉下來，表示妻子會更加體貼自己。

夢見站在懸崖邊上，表示災難會降臨到自己和家人的頭上。

夢見從懸崖上掉下來，表示公司會倒閉。

已婚女人夢見自己從懸崖上掉下來，表示會被丈夫看不起。

生意人夢見從懸崖上跌落下來，表示生意會突然受到衝擊。

病人夢見從懸崖上跌落下來，表示處境艱難。

老人夢見從懸崖上掉下來，表示孩子會早夭。

上班族夢見從懸崖上掉下來，表示會被解雇或辭退。

夢見有人把自己從懸崖上推下去，表示會遭人暗算。

夢見河流湖泊意味著什麼

河流：

夢見河流意味著幸福、富有。

女人夢見河流，表示會接到父母的邀請回娘家。

農民夢見河裡發了洪水，表示莊稼豐收。

夢見乾涸的河，表示將會遭受到損失。

旅遊者夢見退了潮的河，表示前進的道路上會有很多障礙。

夢見過河，表示一切順心如意，捷報頻傳。

囚犯夢見過河，表示不久將會出獄。

生意人夢見過河，表示能轉虧為盈。

男人夢見在河裡潛水，表示身體會健壯。

女人夢見潛水，表示會生男孩。

湖泊：

男人夢見有很多水的湖泊，表示家畜增多。

女人夢見水多的湖泊，表示身體康健，兒女成行。

夢見乾涸的湖泊，表示將要遭饑荒，病魔纏身。

夢見淺湖，表示災禍會臨頭。

夢見深湖，表示能戰勝敵人。

離開家的人夢見蓄滿水的湖，表示能發財，會衣錦還鄉。

生意人夢見盛滿水的湖，表示能發大財。

交通篇
133

公共場所篇
143

生活用品篇
150

兵器篇
159

自然篇
178

夢見往湖裡灌水，表示會受人們的愛戴。

夢見排放湖裡的水，表示會對家人的病長期憂心忡忡。

夢見在湖裡游泳，是不祥之兆，表示日子會過得很拮据。

未婚女人夢見在湖裡洗澡，表示能找到一位體貼入微的丈夫。

未婚男人夢見在湖裡洗澡，表示能找到一位賢慧的妻子。

夢見臭水湖，表示將要生病了。

夢見陰天在湖邊野餐，表示生活會安寧、幸福。

夢見沉入湖裡，意味著受損和生病。

夢見從湖裡挖泥，表示能繼承遺產。

夢見水多的湖泊，是成功的先兆。

夢見在湖裡游泳，表示生意蕭條。

 ## 夢見冰與冰雹意味著什麼

冰：

水變成冰以後，會變得堅硬，能夠承受很大的壓力，象徵著支持。冰，就意味著得到別人的支持。

未婚女子夢見冰，意味著男朋友會全心全意的對自己好。

未婚男子夢見冰，意味著戀人會對自己堅貞不渝，情比金堅。

女人夢見冰，表示丈夫會爲了家庭努力工作，讓生活越來越好。

學生夢見冰，意味著會受到老師的特別關照，在考試中會取得好成績。

生意人夢見冰，是生意會越來越興旺的預兆。

夢見冰融化或者滑冰，意味著做夢人會失去支持者。

生意人夢見滑冰，意味著顧客將離自己而去，生意會蕭條。

未婚男子夢見滑冰，意味著戀人朝三暮四，會拋棄自己。

冰雹：

冰雹是天空的水滴凝成冰塊降落到地面上來。冰本是冬天才產生的東西，但冰雹卻大多在夏天從天而降。因此，夢見下冰雹意味著會遭受意外的打擊。

孕婦夢見被冰雹砸傷，表示生下的孩子將受苦受難。

男性夢見冰雹，表示他會有一段時間處於不如意的狀態，但這段時間很快就會過去，幸運即將降臨到他頭上。

女性夢見冰雹，意味著經過一段不如意或失敗的感情之後，她即將碰到一位像兄長一樣關心她、愛護她的人。

生意人夢見下冰雹，表示生意肯定會受到損失。

夢見被冰雹砸傷，表示會災禍臨頭。

夢見地震意味著什麼

交通篇

133

公共場所篇

143

生活用品篇

150

兵器篇

159

自然篇

180

夢見地震表示拋下了以前的壞運氣，找到了自己的目標和前進的方向，有了嶄新的開始。

學者專家夢見地震，會由於學術成果而舉世聞名。

 ## 夢見泥土與田地意味著什麼

泥土：

夢見搬運泥土，表示吉運在戶外。尤其在愛情方面特別突出。既然知道了，就把情人邀請到戶外去吧！幸運將在那裡等著你。

夢見在泥濘中行走，意味著「冬來春也不遠」。煩惱事將很快解決，你的生活也將在健康、金錢、愛情等各方面，顯得無比快樂。

夢見使用鐵鍬掘土，表示朋友之間可能會分裂。本來團結一致的一群好友，很可能會分裂為二。這時最重要的是你的態度，一定要努力設法使大家和睦相處。

夢見躺在泥土中，表示愛情方面出現停滯。你將深深體會到愛情的苦味，將有一段輾轉難眠的日子。

田地：

未婚男子夢見買地，表示能找到一位賢慧美貌的妻子，或生意興隆。

夢見賣地，表示家境會一團糟，將會挨饑受餓。

夢見田地、牲畜和傢俱，表示一切努力都會成功。

夢見農機具和田地，表示漂洋過海做生意，能賺大錢。

夢見未種莊稼的閒田，表示會遇到困難。

夢見莊稼地，表示生活會富裕。

夢見種閒田，表示家人會吵架，或與別人發生爭吵。

準備結婚的男女青年夢見種閒田，表示婚事會遇到麻煩。

無子女的夫婦夢見種不毛之地，表示會生出一個又醜又懶的後代。

生意人夢見不毛之地，表示生意要虧本了。

夢見被雨水淹沒的田地，表示水災會給自己帶來損失。

夢見很多農民在田間工作，表示要做大生意，由於善於經營，會賺大錢。

夢見稻田，表示要發財了。

夢見大麥田，表示延年益壽，子孫滿堂。

夢見女人在田裡工作，表示要生病了。

 # 夢見雷電意味著什麼

雷聲：

夢見雷雨大作，表示事業會成功。

交通篇

133

公共場所篇

143

生活用品篇

150

兵器篇

159

自然篇

182

已婚女子夢見暴雨雷鳴，表示會更愛自己的丈夫。

未婚女子夢見大雨瓢潑、雷聲轟鳴，表示會嫁給有名望的人。

生意人夢見雷聲大作，表示會發大財。

病人夢見大雨瓢潑、雷聲轟鳴，表示身體很快會康復。

犯人夢見暴雨雷鳴，表示不久會出獄。

閃電：

夢見十分耀眼的閃電，表示將要去外國旅行。

夢見遠處電閃雷鳴，表示將要遭受損失和不幸。

學生夢見電閃雷鳴，是祥兆，表示能取得優異的成績。

少女夢見打雷閃電是吉兆，表示會嫁到一個有名望的家庭。

男性病人夢見打雷閃電，表示身體會復原。

夢見雷電過後，四周一片漆黑，意味著災難臨頭，災禍有可能落到做夢人的頭上也可能降到受自己保護的人頭上。

夢見不時閃電，看不清道路，只好摸黑走路，表示會擊敗對手，渡過難關。

夢見差一點兒被雷電擊傷，表示災難可以避免。

夢見外出時，晴天打雷，表示要想提升，困難重重。

農民夢見閃電，表示將要發生旱災和饑荒。

植物篇

植物篇
184

動物篇
197

人物篇
219

鬼神篇
238

生命篇
245

夢見樹木意味著什麼

樹苗

已婚男子夢見剛發芽的樹苗，表示生活幸福，無憂無慮。

小夥子夢見剛發芽的樹苗，表示會娶一位美貌的妻子。

少女夢見剛發芽的樹苗，表示會嫁給一位英俊的小夥子。

囚犯夢見發芽的樹苗，表示將會釋放出獄。

學生夢見發芽的樹苗，表示考試會成功。

生意人夢見剛發芽的樹苗，是祥瑞，表示不久的將來生意能獲大利。

夢見枯萎的樹苗，象徵著憂愁和失望。

夢見給樹苗澆水，是好的徵兆。

夢見砍伐樹苗，表示會受到仇人的騷擾。

夢見嫁接樹苗，表示會長壽，子孫滿堂。

葡萄樹

男人夢見葡萄樹，表示事業會成功。

女人夢見栽葡萄樹，意味著兒女成行，丈夫富有。全家人生活幸福。

老翁夢見栽葡萄樹，表示會五代同堂，壽比南山。

生意人夢見栽葡萄樹，表示將要做一筆生意，生意一定會興隆，能發大財。

夢見別人栽葡萄樹，表示會困難重重。

慣犯夢見別人栽葡萄樹，表示會被送進監牢。

夢見枯萎的葡萄樹，表示倒楣的事將接連不斷。

橡樹

夢見橡樹是長壽的吉兆。

夢見攀登橡樹，表示事業順利，能有收穫。

夢見有人砍伐橡樹，表示家人將會生病，有去世的危險，需要好好照料。

果樹

夢見果樹是好兆頭，表示你的一段單戀將有成果出現，戀愛會順利發展。

夢見碩果累累的果樹，暗示你將會擁有很多財富。如果你是企業家，今後將會事業繁榮；如果你是上班族，將會晉升。值得提醒的是，近期你有可能中頭彩。

橄欖樹

小偷夢見自己拿著橄欖枝，表示要去探路撬鎖，會被當場抓獲。

熱戀中的青年男子夢見自己有橄欖枝，表示戀愛會成功。

夢見橄欖，表示失望的人會看到希望。

學生夢見橄欖枝，表示考試能成功。

夢見給別人橄欖，表示會得到擢升。

夢見砍伐橄欖樹，表示會失去發財的大好機會。

松樹

植物篇

186

動物篇

197

人物篇

219

鬼神篇

238

生命篇

245

夢見後山腳下到處都是松樹叢，暗示家裡好運連連，是招財進寶的好夢。

夢見松樹叢，不僅會給你帶來財運，事業上將會有很大的發展，如果你正陷入資金困境，將會得到他人的援助，化解困境。

竹子

夢見竹子聳立，應防禍事不斷。

 ## 夢見花朵意味著什麼

鮮花

鮮花歷來就有吉祥幸福的意思，夢見鮮花，就預示著歡樂和幸福。

夢見收到一束鮮花，意味著做夢者因為某方面的成績而受到嘉獎。

男性夢見採摘鮮花，是生意興隆的象徵也是事業成功的象徵。

女性夢見採摘鮮花，預示著愛情幸福美滿。

夢見鮮花盛開，表示幸福與快樂將會圍繞著做夢人。

夢見摘枯萎的花，是不祥之兆，會遇到苦惱。

夢見採摘鮮花時，花一到手裡就枯萎了，意味著做夢人的願望無法實現，要承受經濟上的損失。

夢見手裡的花掉到地上，意味著幸福離開自己，做夢人可能會染上惡疾，需要注意身體。

　　夢見鮮花被人踐踏，意味著做夢人會大難臨頭，應該儘量減少外出。

花束

　　做夢人在夢中得到一束花，表示他能夠認識自己的能力，並且期待著獲得別人的讚揚。如果做夢人向別人贈送一束花，意味著他看到了那個人的優點和良好的品德。

　　一般人夢見花束，意味著有所收穫，能交好運。

　　戀人夢見花束，意味著愛情會更深。

　　戀人夢見約會時花束掉落，意味著關係惡化。

　　夢見花束的花朵枯萎，表示做夢人願望不會實現，戀情會中斷。

花環

　　花環一向是名譽和幸福的象徵，在夢中代表成功。

　　夢見戴花環，預示無論是生意還是考試，都能獲得成功。

　　夢見給別人戴花環，預示著要舉行婚禮。

　　少女夢見戴花環，預示會嫁給富有的男人。

　　夢見女人戴花環，意味著做夢人生活富裕。

　　夢見別人戴著五顏六色的花環，預示做夢人的財富會從各方面來，而且會獲得甜蜜的愛情。

　　夢見戴著多姿多彩的花環，預示做夢人的事業將會取得耀眼的成績。

植物篇
188

動物篇
197

人物篇
219

鬼神篇
238

生命篇
245

牡丹

男性夢見牡丹，表示好運將至。在經過長期的努力奮鬥後，他辛勤的勞動終於得到了回報。

未婚女性夢見牡丹，預示她的男友社會地位較高，家境也好，而且很有才華、聰明能幹。

荷花

夢中的荷花象徵著愛的浪漫與溫馨，夢見荷花，預示著做夢者將要有一段浪漫與溫馨的愛情故事。

普通人夢見荷花，意味著會遇到一位真心並熱情的朋友。

未婚男女夢見荷花，意味著能找到稱心如意的對象。

已婚女人夢見開放的荷花，意味著能發財。

夢見陌生人向自己贈送荷花，意味著做夢人靠朋友能發財。

梅花

夢中的梅花，象徵著頑強的品格和創業的成功。夢見梅花，是做夢者內心之中堅毅性格的表現。

夢見傲雪的梅花，預示做夢人會備受人們的歡迎和信賴。

夢見綻放的春梅，表示做夢人在經過艱苦的創業之後，最終能脫離困境，取得事業上的成功。

菊花

有菊花的夢，象徵著金色的收穫。

夢見觀賞菊花，是做夢人的希望將得以實現的預兆。

夢見採摘菊花，表示做夢人的社會生活正在逐步地提升。

夢見贈送或收到菊花，表示做夢人因為有好友的相助，社會

地位會得以提高。

百合花

夢見百合花，是做夢人職務提升或美滿愛情的象徵。

夢見自己家中的百合花盛開，表示做夢人是一個勤於工作之人，不久的將來，他的職務會得到晉陞。

夢見山谷中的百合花開放，表示做夢人的戀愛甜甜蜜蜜，在以後的家庭生活中幸福如意。

夢見自己種百合花，表示做夢人嚮往寧靜的生活。

夢見自己採摘百合花 (尤其是婦女做這樣的夢)，表示做夢人已經過著安穩平靜的生活。

雜草

雜草代表荒蕪、雜亂、沒有秩序。因為拔除雜草很麻煩、很費力，所以夢裡的雜草也象徵著精神上的障礙，比如說懶惰。

夢見的雜草異常繁茂，代表不恰當的信任、用錯地方的精力或者為爭取成功而進行的地獄般的磨煉。

如果夢到自己拔草，表示做夢人已意識到只有擺脫生活中的瑣碎，才能為成長開拓空間，發展新的能力。

夢見被雜草包圍，則意味著做夢者在現實中會遇到阻礙自己前進的觀察問題的立場和方法，以及舊的行為模式。

 夢見水果意味著什麼

植物篇
190

動物篇
197

人物篇
219

鬼神篇
238

生命篇
245

西瓜：

夢見熟西瓜，是祥瑞。

夢見生西瓜，是凶兆。

夢見吃西瓜，表示出國能發大財。

夢見有人搶自己手裡的西瓜，表示會打輸官司，有巨大的損失。

病人夢見吃西瓜，表示會困難重重。

蘋果：

夢見蘋果，是成功和長壽的祥兆。

夢見筐裡有很多熟透了的蘋果或桌子上擺著熟透了的蘋果，表示買彩券會中獎，或找到地下財富，同時，有可能自己聲名鵲起、官運亨通。未生育過的婦女做上述的夢，是吉兆，她會很快懷孕。

夢見不熟或腐爛的蘋果，做夢人的經濟會受損，或患病，或家中遇到麻煩的事。

梨：

夢見吃梨，表示會身強力壯。

已婚女人夢見得到梨，表示不久將會懷孕，能生一個漂亮的男孩。

男人夢見得到梨，表示能發財。

夢見送給朋友梨，是祥兆，會受人喜歡。

夢見從梨樹上摘梨，表示會經營一個有利可圖的新生意。

未婚女子夢見從梨樹上摘梨，是吉兆，會嫁給如意的男子。

未婚男子夢見從梨樹上摘梨，表示會娶一個品行端正、絕美的女子爲妻。

病人夢見吃梨，是不祥之兆。

夢見把梨切分給眾人，表示做夢人缺乏遠見，可能會遭受損失。

夢見賣梨，是凶兆，生意會失敗。

夢見買梨，職位能得到晉陞，或收入增加。

橘子：

夢見成熟的橘子，表示難交好運。

夢見生橘子，是不祥之兆，會生病。

已婚男子夢見購買橘子，表示在世的妻子去世後，他會娶一個年輕的姑娘，或與一個美貌的女子結婚。

未婚男子夢見購買橘子，則大吉大利，能娶一位婀娜多姿、身體健康、亭亭玉立的少女爲妻。

夢見剝橘子皮或擠橘子汁，表示生意能獲大利。

未婚男子夢見給戀人橘子，會得到對方的愛。

未婚女子夢見熟橘子，表示會名聲大噪。

夢見給別人熟橘子，表示會受到讚揚。

桃子：

夢見桃子，表示能發大財。

夢見吃桃子，表示身體健壯。

夢見買桃子，表示收入將會大增。

夢見別人給自己桃子，表示會得到遺產。

植物篇
191

動物篇
197

人物篇
219

鬼神篇
238

生命篇
245

植物篇
192

動物篇
197

人物篇
219

鬼神篇
238

生命篇
245

夢見給朋友桃子，表示友情會更加堅固。

失業者夢見給別人桃子，表示能找到好工作。

夢見從樹上摘桃子，表示不久就會得到好運。

夢見腐爛的桃子，則意味著會失敗。

草莓：

已婚者夢見吃草莓，表示婚姻美滿，幸福和諧。

未婚者夢見吃草莓，表示即將結婚。

生意人夢見吃草莓，表示會有很多分店。

夢見吃腐爛的草莓，表示厄運將至或生病。

夢見給別人草莓，表示會結交新朋友。

 # 夢見蔬菜意味著什麼

蔬菜

夢中看到許多蔬菜，表示會富有。

夢見買菜，表示事業會成功。

夢見種菜，表示會遇到很多困難。

夢見做菜，表示會上朋友的當，但是能破財免災。

夢見把菜弄翻而弄髒衣服，表示愛情方面將有波折，情敵出現的可能性很大。要勇敢的與情敵爭奪，否則可能會失去愛人。

番茄

男人夢見吃番茄，表示會有好運將至。

已婚女人夢見吃番茄，表示會身體健康。

未婚女子夢見吃番茄，表示會找到一個身強體壯的丈夫。

未婚男子夢見吃番茄，表示會娶一個溫柔體貼的妻子。

大蒜

夢見大蒜，表示別人會知道自己的祕密，會遇到倒楣的事。

夢見蒜苗、蒜頭的成堆大蒜，則意味著全家人憂慮重重。

冬瓜

夢見冬瓜，表示你會升官發財，而且你會獲得他人的信任。

豆莢

夢見豆莢意味家庭及工作有和睦的關係，好日子即將到來。

夢見未成熟的豆莢，意味著將和他人發生口角。

蘿蔔

男人夢見切蘿蔔或吃蘿蔔，表示能交上好友。

已婚女人夢見切蘿蔔或吃蘿蔔，表示不久就會懷孕生一個女孩。

未婚男子夢見切蘿蔔或吃蘿蔔，表示會娶一個潑婦。

未婚女子夢見切蘿蔔或吃蘿蔔，表示會嫁給一位窮丈夫。

男性病人夢見切蘿蔔或吃蘿蔔，表示身體會慢慢恢復健康。

夢見做蘿蔔菜，是不祥之兆，會啼饑號寒。

女人夢見做蘿蔔菜，表示家人會病倒。

夢見出售蘿蔔，是凶兆，表示會被解雇。

夢見購買蘿蔔，表示貴客會登門，為招待客人要破費不少。

植物篇
193

動物篇
197

人物篇
219

鬼神篇
238

生命篇
245

植物篇
194

動物篇
197

人物篇
219

鬼神篇
238

生命篇
245

栗子

夢見大吃栗子，表示雙親有變故。

辣椒

夢見辣椒，意味著隱私會被公佈，處境艱難，被別人看不起，同時其他方面的麻煩也會接踵而來。

夢見糧食與莊稼意味著什麼

種子：

女人夢見種子，暗示著即將到來的或預期的懷孕。

夢見金色的種子，表示在做夢人的希望之中會出現新的機會，而且在這個新的機會中他會取得新的經驗。

夢中出現種子，表示在做夢人的心中有著殷切的希望，有著深切的企盼。

夢中的種子還代表人的潛能。也許做夢人剛產生一個想法，或者一項計畫在他頭腦中成形，但還有待修改。

夢見種子被別人偷走或遺失，暗示女人生男孩機會的喪失。

夢見種子發芽，是女人珠胎暗結的預兆。

棉花：

棉花蓬蓬鬆鬆，象徵著發財，財富像雪球一樣越滾越大。

夢見棉花，意味著富有。

夢見自己在摘棉花，意味著生意興隆，財源滾滾。

夢見黃色的棉花，則意味著會娶到有錢的女人。

夢中看到長得欣欣向榮的棉花，表示你的生意會越來越興隆，有一段繁榮。

農民夢到收棉花，意味著豐收和財富。

稻米：

夢見蒸米飯，表示為了賺錢必須付出艱苦的努力。

夢見吃米飯，表示因為賺了很多錢，心情特別愉快。

已婚女人夢見吃米飯，表示要分娩。

未婚男子夢見吃米飯，表示很快會喜結良緣。

夢見稻子長勢很好，表示生意會獲大利。

夢見成堆的稻米，表示在國外做生意，能發大財。

夢見買賣稻米，表示會有摯友。

夢見買稻米，是好的徵兆，表示要為孩子舉辦婚禮。

夢見給別人稻米，是不祥之兆，表示災禍會降臨。

病人夢見吃米飯，表示身體很快就會康復。

夢見得到稻米，是吉兆，表示會受到獎賞。

夢見家裡到處是稻米，表示好運將至。

豆子：

夢到豆子生長，表示你的子女有讓你擔心的事，也可能他們會生病。

夢見豆子是一種祥兆。

男人夢見豆子，表示生活幸福富有。

植物篇
195

動物篇
197

人物篇
219

鬼神篇
238

生命篇
245

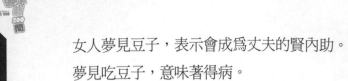

女人夢見豆子，表示會成為丈夫的賢內助。

夢見吃豆子，意味著得病。

孕婦夢見吃豆子，表示嬰兒可能會出現問題。

植物篇
196

動物篇
197

人物篇
219

鬼神篇
238

生命篇
245

動物篇

植物篇

183

動物篇

198

人物篇

219

鬼神篇

238

生命篇

245

夢見水中動物意味著什麼

海龜

海龜主幸福，是幸福吉祥的象徵。

夢見海龜，表示夫妻生活會和諧幸福。

已婚女人夢見海龜，表示丈夫會更加寵愛自己。

未婚男女夢見海龜，表示不久將和意中人結婚。

夢見捕捉海龜，是不祥之兆，意味著災難將要臨頭。

夢見吃海龜肉或喝海龜湯，則意味著疾病纏身。

青蛙

男人夢見青蛙，表示將要生病。

女人夢見青蛙，表示開銷劇增。

生意人夢見青蛙，表示生意要虧損。

夢見有很多隻青蛙，表示生活儉樸清苦。

病人夢見許多隻青蛙，表示身體很快會康復。

生意人夢見許多隻青蛙，表示會發大財。

夢見用石頭砸青蛙，表示工作很快就會被調動。

夢見被青蛙咬傷，表示一切困難都會過去。

魚

夢見活魚，表示要去海上旅行。

夢見死魚，表示要忍饑挨餓。

夢見買魚，表示會繼承親屬的房地產。

夢見有人給自己送魚，表示會被邀參加婚禮。

女人夢見魚在水中游，表示行動會受到丈夫的限制。

夢見魚忍受缺水的痛苦，表示會被降職。

男人夢見捕魚，表示大難臨頭。

女人夢見捕魚，表示將依靠富有的丈夫，生活愉快。

病人夢見捕魚，表示病情會加重。

夢見有人在湖裡捕魚，表示可能會參與重大的造勢活動。

鯊魚

夢見鯊魚，表示要發財。

生意人夢見鯊魚，表示出國做生意，能賺大錢。

船員或船夫夢見鯊魚，是所從事的工作收入豐厚的預兆。

夢見鯊魚撲向別人是不祥之兆，表示災難會臨頭。

夢見成群的鯊魚，意味著要調動工作，財源會旺盛。

夢見死鯊魚，表示由於自己的錯誤，經濟會遭受損失。

鱷魚

夢見鱷魚，意味著受苦。

夢見擺脫了鱷魚，表示會避免重大的危險。

夢見鱷魚表示會受到兇惡敵人的侵犯，或與強人為敵，或與背信棄義、傷害過自己的人為敵。

鴨子

鴨子步履蹣跚，象徵著人跌跌撞撞開創自己的事業。

夢見鴨子叫，表示家裡會有貴客臨門，為自己的事業帶來轉

機。

夢見鴨子在水裡游動，意味著工作順利，生意興隆，前途光明，未來幸福。

夢見鴨子走在馬路上，意味著眼前的困難很快就會過去。

夢見母鴨和小鴨在髒水裡遊戲，表示前途光明，未來幸福。

 ## 夢見陸地動物意味著什麼

獅子

在夢中與獅子搏鬥，表示做夢人的事業會獲得發展。

夢見獅子吞食人，暗示著做夢人性格中不足的方面，也表示著做夢人或其他人可能面臨危險。

夢中獅子和羊羔躺在一起，象徵著衝突可被協調。

夢見獅子強壯威嚴的大吼，代表仇人有身份和地位。

夢見獅子安靜的坐著，表示做夢人會和強者為敵，對方顧及他的身份地位，不會輕易攻擊，但只要出手，就是致命的。

夢見獵獅子或馴獅子，意味著強敵願意與做夢人和解。

夢見自己被獅子咬傷，意味著做夢人會被強敵放過。

夢見獅子撲向自己的朋友，意味著持久的衝突將要開始，做夢人倒楣的日子要來了。

少女夢見獅子，是會嫁給位高權重男人的預兆。

已婚女子夢見獅子，預示會生下強壯的男孩。

豹

夢見豹在樹林裡出沒，提醒做夢人要小心附近的人，以免有小人散佈流言。

夢見遭豹攻擊，提醒做夢人要謹防虛偽的友人，小心上當受騙。

夢見做夢人殺死了豹，預示做夢人將會克服目前的困難。

夢見豹攀上山岩，意味著做夢人會和危險的人作對，需要謹慎小心。

夢見豹向自己撲來，暗示著敵人會對做夢人發動突然襲擊。

夢見有人騎著豹向自己走來，意味著強敵會順服自己，做夢人因此而聲威大震。

狼

女人夢見狼，意味著會生病。

夢見開槍打狼，表示做夢人是膽小的人。

夢見狼叼走了小孩或羊，提醒做夢人要當心小偷和強盜。

夢見狼群，暗示著做夢人感覺自己受到別人的威脅，也象徵著進行的一切事情都不順利，噩運相伴。

夢見狼互相撕咬，暗示著伴侶會欺騙做夢人，男女之間會發生爭吵。

夢見狼攻擊自己，表示愛搬弄是非的人會破壞做夢人的名譽。

斑馬

植物篇
183

動物篇
201

人物篇
219

鬼神篇
238

生命篇
245

植物篇
183

動物篇
202

人物篇
219

鬼神篇
238

生命篇
245

男性夢見斑馬，意味著財源旺盛，生意興隆。

女性夢見斑馬，表示在生活中會得到娘家的關照。

夢中騎著斑馬，預示著做夢人將會有出國旅行的機會。

生意人夢見斑馬，預示著會到海外發展。

夢見被斑馬踢了，預示著做夢人倒楣的日子要來到。

大象

夢見大象，預示著做夢人將會成功，名聲大震。

夢見騎大象，意味著做夢人社會地位升高。

夢見發怒的大象朝自己衝過來，意味著做夢人需要堅持不懈，才能保住自己的社會地位。

夢見大象只有一根象牙，意味著應該把所有精力集中到一個點上，才能取得突破，贏得更高的地位。這需要做夢人對自己的多種業務做出取捨。

夢見大象糟蹋樹木，意味著做夢人很快就會渡過難關，取得勝利。

夢見野象群，意味著做夢人的一切努力都能獲得成功，而且不依靠任何人幫助。

懷孕的女人夢見小象玩耍，預示會生一個漂亮的男孩。

駱駝

駱駝在夢中成群結隊，表示供做夢人使用的資源或對紀律的遵守。

夢見一隻駱駝馱著物品，代表堅忍、容忍和知足等，表示做夢人具備這些優秀品質。

夢見騎在駱駝背上，意味著做夢人在精神上對主人或上級的尊敬與服從。

駱駝擅長長途跋涉。夢見駱駝向沙漠出發，意味著做夢人要長途旅行，旅途雖然充滿了艱辛，但最後的結果會是可喜的。

大熊貓

夢見憨厚可愛的大熊貓，預示著煩惱之事將離做夢人而去。

夢見大熊貓，提醒做夢人在處理棘手的問題時，不要急躁或過於衝動，而要以一顆平常心去處理事務，這樣任何問題都會得以解決。

貓

夢見貓爬到樹上，意味著有人在背後說壞話，挑撥離間，做夢人會受到非議，被人懷恨在心，遇到困境。

夢見貓躲在角落裡，往往象徵著在做夢人的生活和工作中可能隱藏著對手，正在暗中挖牆腳或破壞其家庭生活。

女性夢見貓叫，是在告誡做夢人，在其愛情生活中潛伏著某個對手，像貓一樣虎視眈眈的尋找機會，來爭奪其男友。

蝙蝠

夢見蝙蝠鳴叫，預示著做夢人命運悲慘。

夢見成群的蝙蝠，意味著做夢人工作或事業上麻煩很多。

夢見一隻蝙蝠向自己飛來，意味著做夢人可能會遭到小人的算計。

夢見蝙蝠飛進山洞，表示做夢人面臨的困難即將過去。

夢見鳥類意味著什麼

鳥

鳥在天空自由的飛翔，是做夢人心想事成的祥兆。

夢見鳥，表示做夢人的內心比較快樂。

夢見鳥在飛翔，是做夢人好運到來的預兆。

夢見鳥在歌唱，表示做夢人將有喜事臨門。

夢見聽到鳥叫，意味著做夢人喜事將至。

夢見抓鳥，是做夢人發財、好運將至的吉兆。

夢見打鳥，意味著破壞自己的運氣，做夢人將會遭到不幸。

夢見把鳥從籠子中放走，意味著做夢人日前的工作將會取得成就。有不小的收穫。

天鵝

夢見天鵝在寧靜的水面上遊蕩，表示做夢人有一段刻骨銘心的初戀，失敗的初戀令他難以忘懷。

夢見天鵝在藍色的天空中飛翔，表示正在長大的做夢人會越來越有氣質，而且快樂的日子即將來臨。

夢見天鵝呼應鳴叫，預示著做夢人會見到失散多年的朋友。

孔雀

已婚女人夢見孔雀開屏。意味著不久將會懷孕，是生下一個健壯的男孩。

未婚男子夢見孔雀開屏，意味著很快就能找到女友。

生意人夢見孔雀開屏，意味著會在生意上獲得大利。

夢見孔雀臥在地上，意味著已婚女人會爲丈夫和孩子憂慮，已婚男人則會失業。

夢見孔雀停在樹上，意味著做夢人受到他人的威脅。

夢見孔雀入巢，意味著做夢人好運將至。

仙鶴

夢中的仙鶴，如果是群居或雙棲的，是吉祥如意，事事順心的預兆。

學生夢見仙鶴，預示著做夢人學業有成、金榜題名。

生意人夢見仙鶴，預示著做夢人會獲得一定的經濟利益，但獲利的過程較慢一些。

夢見雙棲仙鶴，表示做夢人夫妻恩愛。

夢見單隻的鶴，表示做夢人有可能失去配偶。

喜鵲

喜鵲是中國的吉祥鳥，牠象徵著富貴吉祥、幸福美滿、喜事臨門。

夢見喜鵲鬧枝頭，預示著做夢人有好的事情即將到來。

夢見喜鵲在自由自在的飛，表示做夢人的運氣將越來越好。

夢見喜鵲搭成鵲橋，預示著做夢人將有一段刻骨銘心的感情。

鸚鵡

鸚鵡擅長模仿別人說話，象徵著隨聲附和的無能之輩。

植物篇

183

動物篇

206

人物篇

219

鬼神篇

238

生命篇

245

夢見鸚鵡站在地上，暗示會交上無用的夥伴。

已婚的女人夢見鸚鵡站在地上，意味著夢者丈夫是一個無能之輩。

孕婦夢見鸚鵡，預示做夢人會生女孩。

夢見鸚鵡在飛，是祥兆，預示做夢人所有的憂愁都會過去。

夢見鸚鵡停在樹上，預示做夢人要生病。

夢見關在籠子裡的鸚鵡，預示做夢人會困難重重。

夢見死鸚鵡，預示做夢人要提防不誠實的朋友，以免上當受騙。

夢見用槍打鸚鵡，預示做夢人能降服對手。

夢見買鸚鵡，是不好的預兆，預示做夢人要償還長輩借的債。

夢見賣鸚鵡，預示做夢人所有的障礙都能排除。

夢見成群的鸚鵡，預示做夢人財產會遇到嚴重的損失。

夢見贈送鸚鵡，預示做夢人會被人討厭。

夢見把鸚鵡關進了籠子，預示競爭對手會發生內訌，做夢人自己卻能從中獲得好處。

鳳凰

鳳凰是鳥中之王，雖然牠不是現實中存在的鳥，但中國人用豐富的想像創造了牠，並賦予牠高貴的形象和無與倫比的美麗羽毛。

神奇的鳳凰，象徵著貴人與財富。在中國人的心目中，鳳凰是祥瑞的象徵和代表。

夢見鳳凰起舞，表示做夢人非常幸運，將有貴人幫助。

夢見鳳凰展翅飛翔，表示做夢人是大富大貴之人，會獲得巨大的財富。

夢見兩隻鳳凰相和而鳴，表示做夢人即將找到理想的伴侶。

燕子

夢中的燕子，是家庭和美與遠方音訊的象徵。

如果夢見燕子輕聲呢喃，意味著做夢人家裡將有喜事臨門。

夢見燕子飛入懷中，預示著做夢人家裡將會添進人口。

夢見燕子由遠處飛來，暗示夢者家裡將有遠方的朋友來做客。

老鷹

夢見老鷹在高高的天空翱翔，象徵做夢人事業上飛黃騰達。

夢見老鷹衝入雲霄，意味著做夢者事業將要步上一個新的里程碑，可以考慮開闢新的領域。

夢見老鷹停在自己頭上，意味著做夢人職位上的晉陞。

夢見放老鷹抓小鳥，是做夢人事業成功的預兆。

夢見捕獲老鷹，預示著做夢人事業上的失敗。

麻雀

夢見打穀場上的麻雀，預示今年的莊稼將有一個好收成。

在病中夢見房前屋後的麻雀，表示做夢人的病情正在大幅度的好轉，再經過一段時間的治療，就可以痊癒了。

夢見麻雀在哀鳴則不是好預兆：男人會憂愁不安，女人子女將要生病。

植物篇
183

動物篇
208

人物篇
219

鬼神篇
238

生命篇
245

夢見抓麻雀，意味著憂愁讓自己亂了方寸，做夢人會受到敵人的攻擊。

夢見麻雀吃蟲子，意味著做夢人財產會受到意外的損失。

夢見打死麻雀，意味著憂愁讓做夢人犯了大錯誤，工作會徹底失敗。

 夢見昆蟲意味著什麼

蠍子

蠍子蜇人非常兇狠，象徵著為了事業上的目標而勇往直前。

夢見蠍子，意味著因為自己不顧一切的拼搏，在事業上將獲得成功。

夢見被蠍子蜇，意味著努力為自己帶來回報，是發財的祥兆。

夢見死蠍子，則意味著心灰意懶，生意倒閉。

夢見吃蠍子，意味著因為自己的固執，不肯聽朋友勸告，最終和朋友分道揚鑣。

夢見捉蠍子，則意味著固執己見，樹敵過多。

夢見打死了蠍子，會與朋友分道揚鑣。

蝴蝶

夢見蝴蝶在花叢裡飛舞，表示會過上幸福豪華的生活。

夢見斷了翅膀的蝴蝶，表示將會感到失望，生意虧損，身體患病，忍受精神折磨。

夢見蝴蝶停在自己的頭頂或帽子上，會連升三級，或成爲百萬富翁。

夢見追捕蝴蝶，表示會與自己相愛的人結爲伉儷，但是夢見抓住的蝴蝶又飛跑了，則所愛的人會嫁給別人。

蜜蜂

蜜蜂是吉祥的象徵，代表了團結和辛勤，在夢裡意味著朋友。

夢見很多蜜蜂，意味著將得到朋友幫助，好日子即將來到。

夢見蜜蜂蜇自己，意味著親密的朋友會背叛自己、欺騙自己，應該注意提防。

夢見蜜蜂把自己團團圍住，無法脫身，意味著朋友使自己陷入困境，生活艱難，面臨著破產。

夢見蜜蜂撲向自己的餐桌，把桌上的食物轉眼之間一掃而光，是一種長壽的祥兆，不過自己的繼承人可能會早逝。

夢見吃蜂蜜，表示你會得到令你始料不到的事情如突然升職、中了大獎等。

蚊子

夢見被蚊子咬，表示要提防誹謗自己的小人，因爲他們會給自己造成難以彌補的損失。

夢見蚊子，表示敵人會日益強大，或者自己災難接連不斷。

久臥病榻的人夢見成群的蚊子，表示病情短期內不會好轉。

植物篇

183

動物篇

210

人物篇

219

鬼神篇

238

生命篇

245

夢見消滅蚊子，表示會身體強壯。

夢見睡覺時掛蚊帳，表示不久將要建新房。

蒼蠅

蒼蠅象徵著敵人用間接的手段傷害自己，在背後搞小動作。

夢見很多蒼蠅，意味著敵人越來越多，應該想辦法避免樹敵。

夢見擺脫了蒼蠅，意味著事業上突破障礙，獲得成功。

夢見吃飯時蒼蠅圍著自己嗡嗡飛，則意味著疾病，需要注意健康。

蝗蟲

夢見大群蝗蟲，意味著居住的地方將出現傳染病。

夢見烏鴉吃蝗蟲，則意味著能得到朋友的幫助，更好的預防疾病。

蝗蟲具有傳染病。大群蝗蟲飛過的地方看不見綠色，象徵傳染病迅速蔓延。

夢見消滅蝗蟲，意味著不會被傳染。

蜻蜓

如果男性夢見蜻蜓飛翔，表示你將會吸引到不少女性的目光；如果女性夢見此情況，代表將會有不少男性熱烈追求。

夢見成群飛來的蜻蜓，表示做夢者的狀況好轉而帶來更多的發展機會，或者遇到出色的異性。

男人夢見成群飛舞的蜻蜓，表示會遇見幫助自己的貴人而有好運伴隨，或迎娶美麗的妻子。

女人夢見成群飛舞的蜻蜓，表示即將懷孕。

夢見十二生肖意味著什麼

植物篇
183

動物篇
211

人物篇
219

鬼神篇
238

生命篇
245

老鼠

夢見老鼠，表示會樹敵過多。

已婚女人夢見手裡托著家裡養的老鼠，表示要生孩子了。

夢見抓老鼠，表示會交上不誠實的朋友。

夢見捕老鼠，表示會遭到敵人的陰謀暗算。

夢見貓捉老鼠，是祥兆，表示敵人會互相殘殺，兩敗俱傷。

夢見死老鼠，表示好運將至。

夢見有很多老鼠，表示失敗將不斷發生。

夢見老鼠在自己的房子裡打洞，表示家裡會遭偷竊。

男人夢見老鼠咬自己，表示災禍會避免。

醫生夢見老鼠，表示居住地會出現傳染病。

牛

夢見牛上坡，是大吉的徵兆。

夢見牽牛上山，主富貴。

夢見牛角有血，主三公。

夢見牛觸人，表示心想事不成。

夢見牛出門，表示好事將至。

夢見牛犢，表示所求皆得。

夢見騎牛，表示入城有喜臨。

夢見牽牛羊，表示全家歡樂。

老虎

男人夢見老虎，表示成功的道路上會遇到困難。

女人夢見老虎，表示自己和孩子都會生病。

夢見老虎朝自己撲來，表示會困難重重。

夢見開槍打老虎，表示事業會成功。

夢見捕捉老虎，是不祥之兆，朋友會與自己為敵。

夢見老虎撲向別的動物，表示會為朋友的處境擔憂。

夢見老虎撲向別人，表示會發生重大車禍，但能死裡逃生。

兔子

夢見兔子，表示能找到熟人。

夢見兔子被捕獲，是吉兆。

夢見自己落荒而走，表示好運將至。

夢見人和兔子一塊兒來到自己身邊，表示要小心上當受騙。

夢見在獵犬的協助下追趕兔子，表示能從騙子的魔掌中逃出。

夢見向兔子開槍，表示會失去一切經濟來源。

女人夢見在馬路上抓到一隻兔子，並把兔子抱在懷裡，表示會成為丈夫家的搖錢樹。

龍

夢見龍代表你身邊有人會升官發財，而你將獲得他人的信

任。

夢見乘龍入水，有貴位。

夢見龍眠水中，萬事通。

夢見龍擋門者，大吉昌。

夢見龍死亡，主失貴位。

夢見乘龍上山，所求順遂。

夢見龍入井中，官被辱。

夢見龍飛，有官位大貴。

夢見乘龍上市，主貴位。

夢見龍入門，主得財。

夢見龍入灶，有官至。

夢見婦人見龍，生貴子。

夢見龍殺人，主大凶。

蛇

夢見蛇，是凶兆。

夢見蛇化龍，得貴人相助。

女人夢見蛇，自己和孩子都會病倒。

夢見一對蛇，很快會分家。

生意人夢見一對蛇，能發大財。

夢見蛇咬你自己，將有好運，生活會豐裕。

夢見蛇咬自己的妻子是不祥之兆，會遇到憂愁不幸。

夢見敵人被蛇咬傷，敵人會互相殘殺，最後兩敗俱傷。

夢見打死蛇，能征服敵人。

植物篇
183

動物篇
214

人物篇
219

鬼神篇
238

生命篇
245

夢見蛇鑽進洞裡，家裡會被偷竊或被劫。

夢見蟒蛇，會受到鱷魚或其他爬行動物的傷害。

夢見與蟒蛇發生對峙，最後躲開了，預示能從敵人的魔爪中逃跑出來。

女人夢見蟒蛇，一生光明磊落，白璧無瑕。

夢見蛇捕捉老鼠或青蛙，會有不幸的消息。

夢見蛇與貓爭鬥，所有的災難都會過去。

馬

夢見從馬背上摔下來，是降職名毀的先兆。

夢見無人騎的馬緊隨身後，不久將會被授予名譽頭銜。

夢見把馬放了，會將祖上留下的產業全部揮霍掉。

小夥子夢見和戀人騎馬，不久就會結成伉儷。

久病痊癒的病人夢見騎馬，很快身體就會強壯。

夢見騎馬，不久將會名利雙收。

夢見全身披掛的馬，會豐衣足食。

夢見騍馬和小馬駒朝自己走來，能發財。

夢見買馬，不久會結婚成家。

夢見有很多馬，會成為百萬富翁。

夢見餵馬喝水，表示職務低微。

夢見馬尥蹶子，不幸時朋友會拋棄自己。

夢見打馬，或者馬死了，很快就會被解雇。

囚犯夢見騎馬，會越獄逃跑，重操舊業。

夢見為雜技團馴馬，會揚名四海。

夢見有人贈馬給自己，會在軍事部門擔任高階職務。

綿羊

男人夢見綿羊，表示要發財了。

女人夢見綿羊，表示夫妻生活幸福，白頭偕老。

夢見雜色母綿羊，表示會廣開財路。

夢見白母綿羊，是祥瑞，表示會受到人們的喜愛。

夢見母綿羊叫，表示財產將受到威脅。

夢見母綿羊群，表示會成爲擁有豐厚資金的企業機構決策者。

夢見綿羊逃跑，表示財產會被盜，或遭搶劫。

夢見剪母綿羊毛，表示很快會繼承遺產。

夢見打母綿羊，表示會導致破財。

夢見從母綿羊背上跳過，表示會遭受損失。

夢見母綿羊帶著小羊羔，表示妻子會生男孩。

生意人夢見母綿羊群，表示出國做生意，能掙大錢。

牧羊人夢見母綿羊群，表示收入會減少。

猴子

夢見猴子是凶兆。

夢見猴子蹲著，表示將要生病。

夢見猴子走動或跳躍，是不祥之兆。

孕婦夢見猴子，表示將會生一個醜陋的男孩。

少女夢見猴子，表示將會嫁給一個易怒嘴碎的男人。

夢見向猴子開槍，或打死了猴子，預示能降服敵人。

植物篇
183

動物篇
216

人物篇
219

鬼神篇
238

生命篇
245

夢見猴子張牙舞爪要朝自己撲來，表示會家破人亡。

夢見猴子發怒，表示將會與鄰居爲敵，並且名聲受損。

夢見猴子興高采烈，表示中斷的友誼會再次恢復。

夢見猴子吃東西，表示會面臨貧困。

夢見熟睡的猴子，表示將要去外國旅行。

雞

夢見食雞鴨等肉，皆吉。

夢見殺雞鵝鴨，主大吉。

夢見雞抱卵，主有大喜。

夢見雞在樹上，主得財。

夢見雞，可能是買雞、賣雞或抱雞，表示財運滾滾而來，你會有正、橫財，未婚的會找到伴侶，已婚的會有子女。

已婚女子夢見許多雛雞，表示會成爲大戶人家的主婦。男人夢見雛雞，會做大官。

生意人和老闆夢見雛雞，表示會財源廣進。

男女青年夢見雛雞，表示愛情已經成熟，婚姻會幸福美滿。

學生夢見雛雞，表示要當班長。

夢見雛雞健壯，表示上級說的話是真實的。

夢見雛雞遭殃，表示倒楣的日子要臨頭，或身患疾病，或有經濟損失。

夢見火雞，表示好運將至。

女人夢見火雞，表示會得到娘家送給她的禮物。

夢見爲伙房殺火雞，是不祥之兆。

夢見做火雞肉，表示將會生病。

女人夢見做火雞肉，表示在處理家務方面會遇到一些困難。

夢見送給別人火雞，表示會交到好友。

夢見得到別人的火雞，表示會聲威大震。

狗

夢見聽到狗吠，表示會受到敵人的侵略。

跛子夢見狗，預示朋友軟弱無能。

夢見狗跟在母犬後行走，表示朋友心懷叵測。

夢見狗撲咬自己，表示會與朋友發生意見分歧，受到孤立。

夢見狗朝自己走來，表示會交上好朋友，在困境中能得到朋友的幫助。

夢見母狗和小狗在一起，表示朋友會帶來好處。

豬

夢見肥胖的豬，是六畜興旺的徵兆，表示事業興旺有生氣。

夢見瘦豬，說明做夢人家業不好，缺乏生氣，暗示著家裡的人給做夢人惹麻煩。

夢見滿屋子都是豬，提示著做夢人「肥豬滿圈」，象徵著豐收，預示工作將有突破性。

夢見豬號叫，表示豬要被宰殺，是一種不祥的預兆，象徵著做夢人會有不愉快的消息傳來。

夢見殺豬的場面，象徵著做夢人處理家務要花費一番工夫和精力。

夢見自己的豬逃跑了，意味著做夢人困難將會到來，好日子

一去不復返。

夢見豬向自己撲來，表示做夢人有可能得傳染病。

夢見追趕豬，意味著做夢人的一切努力都將是徒勞的。

夢見獵狗追豬，意味著做夢人可能會遭遇盜竊和搶劫。

夢見母豬帶一群小豬，意味著做夢人家裡要增加人口。

人物篇

夢見祖輩意味著什麼

夢見爺爺奶奶：

夢見去爺爺奶奶的家，這是強烈的提醒你要反省的夢境。

夢見迎接爺爺奶奶時，看見她（他）用擔心的表情看著你，表示自身、父母或家庭可能會遭遇不吉利的事情，或家人中的某個人身上將發生危險。

夢見爺爺奶奶從口袋或手提袋裡拿出什麼東西遞給你，如果夢中接過東西時心情很好，並且非常珍視這個東西，是生財的夢。但是，如果覺得接過的東西不重要，那麼期望很高的投資會以失敗而告終，同時還會蒙受損失。

夢見爺爺奶奶在田裡工作，這是趕快提起精神，用功努力的忠告。

夢見外祖父外祖母：

夢見已故的外祖父外祖母欲向自己說什麼話，預示將發生需要加倍小心的事情。

夢見已故的外祖父外祖母準備帶著自己外出，這是警告你有可能由於意外的事故或疾病而死亡，又或者將面臨嚴重的憂患。

夢見已故的外祖父帶著農具去種田，表示父親或家裡的其他人將調動工作崗位或搬家。

夢見已故的外祖父趕著一頭母牛來到院裡或將牛拴在牛棚，

表示即將迎來兒媳、家庭主婦或妻子，或得到意外的財物。

夢見已故的外祖父撫摸孫子，表示在現實生活中的孫子可能會患病。

如果外祖父背著孫子或將他帶到屋外，預示近期內孫子可能會死亡。

 夢見父母意味著什麼

夢見母親：

夢見母親得病或去世，是家產動搖，事業和地位將遇到困難的徵兆。

夢見已故的母親，表示會長壽。

夢見在世的母親與世長辭，表示會得到母親的祝福和讚美。

病人夢見母親把自己摟在懷裡，表示全部痛苦都會消除，家庭會幸福、安寧。

夢見公共汽車或火車開動時，母親揮手叫自己下來，這是警告要終止目前進行的事情或計畫的夢。

夢見自己的母親成為新娘，穿著婚紗禮服舉行婚禮，這是暗示母親將面臨極大的危險，是警告有可能患重病或死亡的夢境。

夢見母親臉色可怕的追趕你或招你的脖子，這是反映你自己潛意識的夢境，因為在現實生活中你對自己的母親有很大的罪惡

植物篇
183

動物篇
197

人物篇
222

鬼神篇
238

生命篇
245

感，所以才做這樣的夢。

夢見母親大發雷霆，拿你出氣或呵斥你，這是告知你可能會在不知不覺中出現大閃失的夢境。

夢見睡夢中醒來後，看到母親站在床邊，目視自己臉龐的情景，這可能是暗示母親身上將發生不吉利事情的夢境，或者是自身正面臨危險的預兆。

夢見表情憂慮、情緒不安的母親，這是暗示你的前程將出現不吉利的情況，可以說這是預先告知你將要面臨危險的夢境。

夢見自己的母親照顧多名小孩，預示自己能力得不到認可，挫折感油然而生或成為別人的八卦對象甚至會捲入是非之中。

夢見母親給變成嬰兒的你餵母乳，表示將會出現好幫手，助你一臂之力。但在夢中如果感覺到不愉快，那並不是好夢。

夢見自己成了嬰兒，但母親卻照顧著別人家的嬰兒，這是暗示自己策劃的事情在不知不覺中成全了別人的好事。也就是說，自己付出極大的努力取得的成果卻成了別人的盤中餐。

夢見自己成了孩童對母親撒嬌，這是暗示陷入了難以自拔的泥潭中的夢境。

夢見對方感覺像母親，表示你該獨立了。若你相當看重夢中的自己對她的反應或說辭，或對方表現出消極的情緒，暗示現實中的你應放開與你母親間緊密的情感聯繫，這是你嚐試自我獨立的前提。

夢見父親：

夢裡聽到父親去世的消息，雖然是有好消息傳來的徵兆，但

實際上可能會聽到訃告。

夢到自己的父親，意味著遇到困難，想尋求別人的支持。

如果夢到死去的父親，表示你的事業讓你累得喘不過氣來，讓你騎虎難下，無法放鬆下來。

年輕女性夢到死去的父親，預示她的男友會欺騙她。

 ## 夢見兄弟姐妹意味著什麼

夢見與兄弟姐妹出遊，表示人際關係順利，有可能結交摯友。

夢見與兄弟姐妹共用一床棉被，表示身體健康狀況良好，或者在經過一點不如意之後會迎來精神百倍的生活。

夢見與兄弟姐妹有隔閡、疏遠，表示最近有桃花運。

夢見與兄弟姐妹齊心協力做事，表示學業或事業順風順水，有可能取得不錯的成績，得到老師和主管的表揚。

夢見與兄弟姐妹有口角甚至有肢體衝突，表示精力衰退，沒有比賽運，如果這時參加比賽或考試，大多取不了好成績。

夢見被兄弟姐妹欺負，而且心裡忿忿不平，表示與他們的關係出現緊張，有可能為了一件小事而發生爭吵。

植物篇
183

動物篇
197

人物篇
223

鬼神篇
238

生命篇
245

夢見愛人伴侶意味著什麼

　　夢見與愛人纏綿，可能是兩人之間有誤會發生，關係有可能緊張或疏遠。

　　夢見愛人身上沾滿鮮血地朝自己走來，表示身邊將有的新的危險。

　　夢見愛人無情的離開，反倒是一個好夢。

　　夢見愛人和別人走了而自己卻沒有任何表示，表示將有貴人幫助自己解決事情。

　　夢見愛人掉進河裡求救，自己卻在猶豫不決，表示從事的工作陷入困境或陷入陰謀中。

　　夢見和妻子擁抱是分居的表現，家庭生活要謹慎。

　　夢見和妻分離則意味著感情會更好，格外寵愛妻子。

　　夢見娶了一個愛吵鬧的妻子，則表示將來的生活會更好。

　　夢到你丈夫帥氣英俊、充滿活力，是家庭幸福美滿的象徵，好運將臨。

　　夢到丈夫生病，可能是有第三者介入的意思，夫妻關係即將破裂。

　　夢見自己的伴侶換成是別人，這是伴侶有出軌行為的暗示，表示自己心中已經有了疑惑。

　　夢見伴侶與陌生的異性私語，表示你的伴侶已經有了情人。

夢見伴侶向你說話，你卻不回答，暗示由於夫婦之間的互動很少，對方對自己的冷漠極度不滿。

夢見和伴侶間進行冷戰，暗示兩人的健康將出現問題。

夢見愛人即將上戰場或是出差，而自己捨不得離開在夢中痛哭，這意味著將與愛人分手，但心裡已經有準備。

夢到丈夫毫無聲息的離去，表示夫妻間將有分歧，但只要用心調解就能恢復感情。

夢到丈夫過世，證明心中有很大的悲傷。

夢到丈夫臉色蒼白，可能是自己身體健康出現問題，或者是家中其他人將有疾病臨身。

夢見小孩寡婦意味著什麼

夢見剛出生的嬰兒就能直立行走，表示自己的工作將有業績。

夢見走路時有不認識的小孩跟隨著，暗示不管怎樣努力，都無濟於事，困難依舊。

夢見不認識的小孩叫自己祖父母或父母，而自己卻把他抱起來，這表示現實生活中會牽扯不相干的事件且帶來麻煩和抑鬱。

夢見自己哭得像小孩子一樣，暗示現實生活中遇到了不可逃避但又十分痛苦的事情，心裡十分委屈。如果在沒有任何麻煩事

植物篇
183

動物篇
197

人物篇
226

鬼神篇
238

生命篇
245

情的情況下做了這個夢，暗示將來會有不愉快的事情發生。

夢見自己生了一個孩子，這是發財的預兆，更有可能是懷孕的徵兆。

夢見可愛的小孩子對自己說話，是財運上的有利徵兆，或者是有子女出生、妻子懷孕的徵兆。

夢見其他女人抱著或背著小孩子，表示自己可能因為小事和他人爭吵。

夢見痛哭的孩子，表示自己對面臨的事情沒有信心解決，這樣事情會越來越難，最後可能導致自己無盡的苦悶和消沉。

夢見小孩得病或身體疼痛，是因他人的詆毀、誹謗等蒙受損失的徵兆。

夢見小孩子殘廢，表示正在發展的事情將遇到難題，可能會導致最終的失敗。

夢見火災裡有小孩被燒死，自己想救救不了，表示正在進行的事情將會遇到麻煩，甚至錢財、健康、性命上面也會遇到問題。

夢見小孩夭折，表示心中的疑慮和障礙會在近期消除，所有事情都將平穩發展。

夢見棺材裡有個小孩屍體，這表示自己所做的事情可以得到他人的認可。

夢見孤兒沒有吃喝，沒有衣服穿，可能預示自己的事業要走下坡了。

夢見照顧孤兒，意味著你想得到別人的幫助。

夢見發生交通事故，把小孩的屍身從車底下拉出來的景象，這是這段時間以來，由於小孩而苦惱的事情輕鬆地得以解決的徵兆。而且大膽地挑戰自我的時機已經到來。

夢見討人喜歡的小孩說話或開門進屋，是出現金錢上獲利的事情或有子女出生、懷孕等喜事發生的祥夢。

夢見自己變成孤兒，表示你脆弱無助，也暗示你要堅強、獨立。

男人夢見與寡婦交談，表示會遇到小人，有人會在背後造謠中傷自己。

女人夢見與寡婦交談，暗示著可能會與其他女人有口舌之爭。

夢見與寡婦吵架，會運氣不佳。

夢見幫忙解決寡婦的金錢難題，意味著有可能有好運將至。

 夢見親戚鄰人意味著什麼

男人夢見男性親戚，表示會得到尊重。

女人夢見男性親戚，表示有可能遇到難題。

男人夢見女性親戚，表示家裡會有喜事。

女人夢見女性親戚，是好事，可能會添丁。

夢見和親戚爭吵，意味著家裡有人生病。

植物篇
183

動物篇
197

人物篇
228

鬼神篇
238

生命篇
245

夢見親戚逝世，表示孩子長大成人，將要成家立業。

夢見到親戚家做客，表示人際關係會好轉，能結交到不錯的朋友。

夢見鄰居來家裡借東西，要小心財物，有可能會遭到盜竊。

女人夢見與男鄰居相談甚歡，表示行為有些不檢點。

 夢見朋友同事意味著什麼

夢見與朋友一起重新讀書，暗示將有新的機遇，所以要抓住機會，去做該做的事情。

夢見與朋友一起工作，表示人際關係好，如果遇到困難了，會有人幫助。

夢見和朋友們一起出遊，是將要發生快樂事情的徵兆。

夢見與朋友吃喝玩樂，一起happy，是提醒自己要多加小心錢財方面的開銷，免得沒錢。

夢見朋友來家裡玩，桃花運將要來臨，所以要抓緊機遇，尤其是晚上八點到九點，這是與人結識的黃金時段。

夢見公司的其他同事全部晉陞或增加薪水，而自己卻沒有任何機會，表示現實生活中可能得到意外的財富或者自己的能力得到公司的肯定，待遇提高。

夢見自己的朋友與異性很要好，暗示愛情將受阻，兩人之間

總是爭執，意見不同。

夢見好友們紛紛離開自己甚至反目爲仇，預示現實生活中人際關係將有問題出現，自己的朋友可能真的會背叛自己，或者是心裡對已經發生的背叛無法處理。

學生夢見與同學一起挨老師責罵，表示考試將有好運。

 ## 夢見主管師長意味著什麼

夢見到自己的老師，暗示自己正在學習新的知識，可能萬事都在更新，所以要把握機會。

夢見不認識的人但是稱是自己的老師，而自己卻很容易相信他，這表示是內心有了明確的想法，且心裡真實的想法正在指引自己應該怎麼做。

夢見受老師稱讚，暗示在學業方面烏雲密佈，比如會在課堂上睡覺被老師責備。

夢見正在上課，表示學習漸入佳境，所以要乘此機會好好讀書，可以令學業精進。

夢見到老師家裡拜訪，是人際關係的運勢衰退的預兆。要注意你的言行舉止，避免爭執，尤其脾氣不可暴躁。

夢見和自己導師交談，可能是因爲生活困難導致學業受挫。

夢見自己的上司要害自己，這是說明在工作時主管給自己帶

植物篇
183

動物篇
197

人物篇
229

鬼神篇
238

生命篇
245

植物篇
183

動物篇
197

人物篇
230

鬼神篇
238

生命篇
245

來了壓力。

夢見與同事或上司跳交際舞時，看到對方的面孔感覺很恐怖，表示平時對那個人的敵對感、抵制感。

夢見自己被上級叫去談事情，結果上級變成了父親，表示自己心裡有抵抗壓迫的想法，想抗拒上司或者父親的給壓力。

夢見接受上級給予的艱巨任務，自己卻不情願的去做，暗示現實生活中也將遇到難以回絕的要求或者是請求，只能硬著頭皮去做。

夢見被老師責罵，暗示家庭關係會越來越好，父慈子孝，就連自己的零用錢都會增多。

夢見異性老師與你親密攀談，表示愛情運將下降，和男女朋友的感情將出現問題，所以要趕緊換一下約會方式，改善兩人的關係。

 夢見其他職業人物意味著什麼

醫生護士：

夢見自己去看中醫，表示會有德高望重的人成為朋友。

夢見與中醫成為朋友，表示財運降臨，不用再求人了。

病人夢見和醫生談話討論病情，表示病情將會好轉。

病人夢見護士，預示身體很快就會好轉。

已婚女子夢見護士，表示不久會懷孕。

夢見侍候醫護人員，預示生意會起伏不定，生活動盪不安。

女人夢見丈夫當了醫生，預示會患婦科病，尤其是子宮疾病，應格外注意。

夢見與醫生爭吵，現實生活中將有重大的損失，這是一個很不吉利的徵兆。

夢見自己當了醫生，預示自己將會丟了工作，或者事業上遭遇重大挫折。

司機乘客：

夢見司機酒醉駕車，表示做夢人缺乏主見。

夢見司機一邊開車一邊發牢騷，可能是做夢人心裡有難以發洩的不滿，所以平時不要衝動，避免發生意外。

夢見自己坐車總是塞車，暗示做夢人最近遇到不順的事情。

夢見自己為了其他乘客吵架而心情不好，暗示做夢人人際交往出現問題。

專業人才：

夢見科學家，表示做夢人希望學業可以進步，有所成就。

夢見自己成為科學家，表示做夢人想透過自己的勤懇努力取得成功。

夢見作家，表示自己將有豐富的生活，財運也會大大增加。

夢見自己成為作家，暗示做夢人生活經驗將會不斷增加，因此要對自己充滿信心。

夢見大明星，表示將會與朋友發生口角，人際關係會出現新

的麻煩，所以要多加小心自己的平時交際。

夢見藝術家而非明星，那就是暗示將會發財。

夢見建築師在觀察建築物，暗示做夢人做事成竹在胸。

夢見建築師與自己交談，暗示自己的想法將會得到他人的幫助。

夢見自己成爲飛行員，表示做夢人會在事業上有一番成就。

其他人物：

女人夢見理髮師，表示自己過於自信。

男人夢見理髮師，暗示做夢人要經過勤苦持久的奮鬥才能成功。

夢見理髮，表示自己試圖要改變一些想法，改變自己的觀念。

夢見郵差送來自己期盼的信件，表示自己的工作或生活將發生很好很大的改變。

男人夢見裁縫，表示做夢人希望透過自己的努力獲得豐厚的收入。

女人夢見裁縫，表示家裡將會好運連連。

夢見自己成爲裁縫，暗示做夢人的收入會增加。

夢見廚師在準備宴會，表示家裡的生活將會越來越好。

夢見廚師教自己做飯，暗示家庭開支方面將會出現問題，所以出門在外別忘了注意自己的錢包。

夢見屠夫意味著災難將要出現，不吉利的事情將會發生。

夢見人們穿著華麗的衣服聚集在一起，表示家裡有喜事將要

降臨，多半是有人要結婚。

　　夢見人群的衣著又髒又舊，則意味著親友參加葬禮，家裡可能有人要過世。

夢見爭吵意味著什麼

　　夢見和妻子手吵，表示夫妻恩愛，生活幸福。

　　夢見和親友吵架，表示全家人會和睦相處，危難時期能得到朋友的幫助。

　　員工夢見與上司爭吵，表示會升職加薪。

　　夢見與下級吵架，表示能妥善的處理自己的事。

　　夢見與死人爭吵，表示會身強力壯，壽比南山。

　　已婚女人夢見與丈夫拌嘴，表示會生男孩。

　　女人夢見與鄰居吵嘴，表示財產會安然無恙。

　　已婚女子夢見與乞丐吵嘴，表示丈夫會窮困潦倒。

夢見打架意味著什麼

　　被打

植物篇
183

動物篇
197

人物篇
233

鬼神篇
238

生命篇
245

植物篇
183

動物篇
197

人物篇
234

鬼神篇
238

生命篇
245

囚犯夢見被打，表示很快就會被釋放。

夢見與人打架，表示必有禍事。

生意人夢見和顧客打架，是祥兆，能發財。

夢見自己挨打，表示生活會富裕，將會有吉利的事情發生在你身上，家中的病人會很快恢復健康。

夢見陌生人挨打，表示會遇到困難。

夢見自己被陌生人毆打，是不吉利的徵兆，表示會遭遇到倒楣和失敗。

夢見家人被打死了，表示家裡要增添人口。

夢見很多人混戰群架，表示健康方面出了問題，要絕對禁止暴飲暴食，小心消化系統方面的疾病，尤其要小心罹患急性腸胃炎、胃潰瘍、胃下垂、盲腸炎等。

夢見與同學打架，表示人際關係運上升，可以大膽跟任何人積極的交往，周圍的人對你也必然坦誠相待，不會有發生衝突的隱患。

夢見兄弟打架，表示智力方面有衰運，學業成績將受到不良影響，將會考出糟糕的分數。

夢見自己挨打，最後被人打死，是所有痛苦和災難將要結束的預兆，會過上非常幸福的日子。

夢見自己的愛人被毆打，意味著兩人的愛情會更加深厚，並且這份愛情永恆不變。

夢見打自己的胸口，是不祥之兆，有可能會有親友與世長辭，也有可能被某個刑事案件牽連。

打別人

夢見經常拍打地面，表示目前的障礙會消除，這時對即將破產的人來說，是好夢。

夢見唆使別人打人，被打死的人會成為你的摯友。病人做此夢，他的病體會很快復原。

夢見自己毆打別人，表示會得到他人讚揚。

夢見打動物，是即將發財的徵兆。

 ## 夢見監獄意味著什麼

夢見自己坐牢，表示會夢想成真。

夢見牢獄臭汙，百事吉。

夢見獄中死者，官司散。

夢見使人入獄，得財吉。

男人夢見監獄，表示生活幸福，無憂無慮。

已婚女人夢見囚牢，表示會懷孕。

老叟夢見監牢，是不祥之兆，健康會每況愈下。

生意人夢見牢獄，表示生意會受損。

夢見與犯人交談，表示厄運將至。

夢見與囚犯吵架，表示災禍會過去。

夢見與犯人交朋友，表示招搖撞騙的朋友會給自己帶來損

植物篇
183

動物篇
197

人物篇
235

鬼神篇
238

生命篇
245

植物篇
183

動物篇
197

人物篇
236

鬼神篇
238

生命篇
245

失。

夢見自己當了監獄長，表示會成為有錢人的管家。

夢見與監獄長爭吵，表示自由會受到限制。

夢見與監獄的官員交朋友，表示名譽將掃地。

夢見牢獄崩壞，有赦吉。

夢見坐獄中，必有恩赦。

 ## 夢見員警與軍隊意味著什麼

員警：

夢見員警站著，是危險的預兆。

夢見自己被逮捕，表示會成為政府官員所喜歡的人物。

夢見與員警交談，表示會被提升。

囚犯夢見與員警談話，表示很快就會被釋放。

生意人夢見與員警交談，表示要提防競爭對手。

領導人夢見與員警交談，表示政府和員警會非常尊重自己。

夢見與員警吵架，是凶兆，預示仇人和強盜在威脅著自己。

未婚男子夢見與員警爭吵，表示會帶著自己的情侶逃跑。

男人夢見向員警請求援助，表示會幸福安全。

夢見挨員警的打，表示會貪污公款，損失慘重。

夢見自己當了員警，表示會威信掃地。

夢見自己穿著警服，表示會受到刑事案件的牽連。

軍隊：

夢見軍隊開來或軍隊處於立定姿勢，這是好的徵兆。

夢見軍隊離去，表示將遭不幸。

夢見軍隊打敗仗，表示倒楣的日子將要到來。

夢見軍隊勝利了，表示好運將至。

鬼神篇

夢見天使與天堂意味著什麼

天使：

夢見與天使交談，是不祥之兆，意味著死亡、生重病或陷入困境。

夢見沉默不語的天使，表示好運將至。

少女夢到天使，是將要與一位理想的富有男子結婚的徵兆。

夢中很遠就看見天使，要立即擯棄自己的一切劣行，否則將大難臨頭。

孕婦夢見天使，會生一個超群的兒子，此子日後會成為聖人、宗教的導師，或百萬富翁。

天堂：

夢見天堂，大吉大利。

旅遊者夢見自己在天堂，旅行會順利，到達目的地後能發大財。

生意人夢見天堂能賺大錢，所經營的貨物的需求量會猛增。

病人夢見天堂，身體會很快康復，並長期過著無憂無慮的生活。

植物篇
183

動物篇
197

人物篇
219

鬼神篇
240

生命篇
245

 夢見神意味著什麼

神

夢見神，是成功和獲利的祥兆，象徵著將獲得功名利祿。

夢見神把自己抱在懷裡，會生活幸福，壽比南山。

已婚婦女夢見神笑容滿面，會生一個在青年時代就出名的兒子。

夢見女神，意味著更多的寬容忍耐能幫助自己獲得成功。

女人夢見和女神說話，意味著自己能成為賢妻良母，會心情愉快、生活幸福。

夢見神手握三股叉而且在發怒，意味著居住地即將有大禍。

夢見被女神責罵，意味著做事不加考慮，無意中傷害了別人，會有災禍降臨，自己或孩子將遭受身體的外傷。

夢見女神摟住自己，或給自己戴上王冠，意味著聲名鵲起，名揚四海，官運亨通。

夢見女神遺失了手中的武器，則意味著自己過於麻痺大意，將在毫無準備的情況下，和敵人發生激烈的衝突。

病人夢見向寺廟的女神燒香叩頭，表示身體很快會復原。

神像貢品：

夢見神像，暗示你將會好運連連，心想事成。

夢見神像被毀壞，意味著有不好的事情發生。

已婚女子夢見神像，表示家庭富裕，家人關係和睦。

未婚男女夢見向神獻貢品，表示不久將會結婚。

夢見和愛人一起向神獻貢品，表示夫妻感情和睦，幸福美滿。

準備懷孕的女人夢見向神獻貢品，表示會得到一個模樣可愛的兒子。

有孩子的女人夢見向神獻貢品，表示孩子發育良好，身體健康。

病人夢見向神獻貢品，表示身體很快就會痊癒。

生意人夢見向神獻貢品，表示生意興隆。

夢見鬼意味著什麼

一般來說，噩夢中的場景都是我們在日常生活中最不願意看到和經歷的，做噩夢的動機也是我們平時最不敢面對的，但事實是，你越害怕的噩夢，可能越是你潛意識裡渴望實現的東西。

如果你夢見自己被鬼抓走，可能是由於你這個人很看重人際關係，虛榮心很強，總是希望得到所有人的喝彩、關懷，所以在夢裡會夢到自己被鬼抓走，希望以此引起所有人的注意，使所有人的關注點都集中在你身上。事實上，你在平時生活中可能並不是怕鬼的人，你之所以會夢到怕鬼，完全是為了表現自己的無

植物篇
183

動物篇
197

人物篇
219

鬼神篇
242

生命篇
245

助，借助鬼來達到引起大家注意的目的。

 ## 夢見苦行與懺悔意味著什麼

未婚男子夢見自己苦行，會娶一位俊俏賢慧的女子爲妻，溫馴的妻子會在困難時期安慰自己，從不讓自己慌張。

有錢人夢見自己苦行，收入會突然銳減，有可能背井離鄉。

窮人夢見做懺悔，生活會富裕。

禁欲的人夢見在苦行，會成爲民族的領袖，能靠自己的聰明才智爲國家或民族謀利益。

企業家夢見做懺悔，會被迫降價出售貨物，獲利甚微。

已婚女人夢見在贖罪，表示丈夫和孩子的身體健康無疾病，所以心情會十分愉快。

病人夢見做懺悔，病情會惡化。

工作人員夢見自己在贖罪，會受到上司的誇獎，能官運亨通。

學生夢見做懺悔，考試會取得優異的成績，因具有非凡的才智，能獲得獎學金。

夢見別人懺悔，是不祥之兆，會心情煩悶，愁眉不展。

夢見有人在苦行時喪生，是祥兆，人生會發生好的轉折，有可能得到藏匿的財寶。

夢見敵人懺悔，表示會永遠和自己爲敵。

夢見朋友在苦行，表示危急時刻會得到陌生人的幫助。

夢見妻子在苦行，表示災禍會降臨。

夢見與苦行的人發生爭吵，表示將與強人爲敵。

 ## 夢見廟意味著什麼

夢見廟表示有人會助你解疑難，令你工作順利。

男人夢見寺廟，國家可能要發生暴亂。

女人夢見廟宇，丈夫家的人可能會四分五裂。

病人夢見寺廟，病情會加重。

夢見自己進入寺廟，一切努力都會化爲泡影。

孕婦夢見進入廟宇，胎兒會有問題。

生意人夢見進入寺廟，生意會大虧損。

夢見別人進了寺廟，一切困難都會過去。

夢見妻子進了廟宇，夫妻生活和諧、幸福。

夢見敵人跨入廟門，自己能降服他們。

夢見自己進了廟宇或坐在廟宇裡，這是成功或成親的吉兆。

夢見教堂意味著什麼

植物篇

183

動物篇

197

人物篇

219

鬼神篇

244

生命篇

245

　　教堂和寺廟或者清真寺一樣，是敬神的地方，也是有著共同信仰的人聚會的地方，可以給人安全和保護的聖潔地。教堂的大小和類型反映樸素與富裕的不同層次，也反映它的莊重性。

　　夢見莊嚴華麗的大教堂，意味著做夢者生活富裕而豪華。

　　夢見簡陋的小教堂，意味著做夢者生活樸素而寧靜。

　　夢見教堂裡有許多人在做彌撒，意味著做夢者將獲得許多朋友。

生命篇

植物篇
183

動物篇
197

人物篇
219

鬼神篇
238

生命篇
246

 ## 夢見懷孕意味著什麼

結婚多年未能懷孕的婦女夢到自己懷孕，是「日有所思，夜有所夢」的現象。應該儘量放鬆精神，精神緊張反而不易於懷孕。

有孩子的婦女夢見懷孕，表示家庭很幸福。還有一種可能是丈夫對妻子的疏忽，使妻子很想回到剛結婚的時期，重新回味新婚時的快樂。

未婚女性若夢見男人懷孕，表示將會出現一個男人負擔你的生活和你的未來。

還沒有戀愛的女孩夢到自己懷孕，如果夢境是快樂的，表示很想得到幸福的愛情。

還沒有戀愛的女孩夢到自己懷孕，如果夢境是苦惱的，表示最近會有麻煩事出現。

戀愛中的女生夢到懷孕，如果夢境是快樂的，是更加幸福的徵兆。

戀愛的女生夢到懷孕，如果夢境是苦惱的，表示當前生活很混沌，需要好好審視下自己的生活方式。

男人或老人夢見懷孕，可能和現實生活中的生小孩可能有關，譬如老人的女兒在醫院待產，老人做這種夢，表達了一種期待。

夢見生育意味著什麼

夢見生孩子，會心想事成、有財運。

夢見生男孩，生活會幸福、恬適。

女人夢見自己將要生一個男孩，意味著會過著幸福舒暢的生活。

夢到自己生下一位很活潑可愛的小女孩，有可能會收到年終的獎金、雙薪。

孕婦夢見生孩子，這是一個很好的徵兆，預示著孩子的健康成長。同時也反映出孕婦和家人對這個孩子的期待。

 夢見疾病意味著什麼

癱瘓：

夢見自己中風癱瘓，家務事會纏身。

夢見朋友半身不遂，意味著朋友需要自己的理解。

夢見妻子癱瘓，孩子會生病。

夢見仇人患半身不遂十分痛苦，預示自己會勝利。

夢見治療癱瘓，生意或財產方面的管理是成功的。

工作人員夢見自己半身不遂，表示上司會不滿意自己，長期不給自己加薪，或者被解雇。

病人夢見癱瘓在床，病情會好轉，夢見很多癱瘓病人，會遇到各種困難。

夢見護理癱瘓病人，賣藥能發大財。

嘔吐：

夢見想嘔吐，表示要乘船去遙遠的國家。

夢見引起嘔吐的東西，會遭不幸和貧窮。

病人夢見嘔吐，是好兆頭，身體會健康。

夢見別人給自己令人作嘔的東西，會得罪朋友。

船員夢見嘔吐，是祥兆，航海會成功。

風濕：

夢見得了風濕症，是厄運將至的徵兆。

夢見妻子患風濕症，是吉兆，意味著夫妻生活美滿幸福。

夢見敵人得風濕性關節炎，能交上忠誠可信的朋友。

夢見給別人治療風濕性關節炎，不久將會有好消息。

膿瘤：

夢見長了膿瘤，並且瘡破膿流，會有好運將至，身體健康。

夢見頭上長疤，表示不久將會離開人世。

疼痛：

夢見疼痛，一般是好預兆。

夢見肚子疼，災禍要臨頭。

夢見眼睛疼，會成為辦公室或工廠的負責人。

夢見膝蓋或腿疼，或者腎臟疼痛，不久就會出國訪問，能發大財。

夢見後背疼，會身居要職。

夢見全身疼痛，家人之間會產生隔閡。

已婚女人夢見肚子疼，會懷孕。

孕婦夢見肚子疼，分娩時將會出問題。

囚犯夢見胸口疼，會被加刑。

旅行者夢見頭疼，會迷路，很難到達目的地。

 夢見吃藥意味著什麼

夢見吃藥，是貧窮的象徵，需要反思自己是不是把錢花在了不該花的地方，小心謹慎的對待自己的財務。

夢見賣藥，表示終日接觸病人、接觸疾病，會受到疾病的折磨，需要認真反思自己的生活方式有沒有需要改變的地方。

 夢見哭泣意味著什麼

夢見別人死了，自己哭泣，將得到財產。

夢見死人哭泣，有口舌之辯或和別人吵架。

植物篇
183

動物篇
197

人物篇
219

鬼神篇
238

生命篇
249

植物篇
183

動物篇
197

人物篇
219

鬼神篇
238

生命篇
250

夢見別人哭泣並且露出牙齒，將有訴訟官司。

夢見泣不成聲，一切都順心如意。

女人夢見自己淚流滿面，對丈夫會更加體貼，兒女成行。

夢見朋友和親戚悲傷哭泣，意謂著家裡有男人將要去世。

夢見和別人一起哭泣，將有好事慶賀。

夢見放聲大哭，將有歡樂出現。

夢見自己在床上哭泣是凶兆。

病人夢見哭笑或夢見病人哭笑，疾病都將根除。

囚犯夢見淚水如潮，親戚會與他見面。

夢見別人號啕大哭，大難要臨頭。

夢見敵人淚灑衣襟，會身陷困境。

 夢見死亡傷害意味著什麼

自殺：

夢見自己自殺，是身體健康的預兆。

女人夢見自殺，丈夫會富有。

夢見別人在自殺，會憂慮重重。

夢見妻子自殺，家庭會幸福。

女人夢見丈夫自殺，會與丈夫長期分離。

夢見朋友自殺，困難時期會得不到朋友的幫助。

夢見仇人自殺，仇人的勢力在增長。

員警夢見別人自殺，因未能履行自己的職責，會受到處罰。

生意人夢見自殺，會得到好處。

病人夢見自殺，身體很快能恢復健康。

扼死：

夢見有人正在扼住自己的脖子，事業會成功。

女人夢見有人勒自己的脖子，丈夫會更寵愛自己。

夢見用手掐住別人的脖子，是不祥之兆，會遭厄運。

夢見有人勒妻子的脖子，必要時會得到朋友的幫助。

生意人夢見有人在勒住自己的脖子，能賺大錢。

殺人：

夢見殺人，意謂著仇人太多。

夢見自己殺害了親人，表示能繼承遺產。

夢見自己殺害了仇人，代表仇人的力量會加強。

夢見自己被不認識的人傷害，會身體健壯、延年益壽。

女人夢見丈夫被殺，夫妻倆會幸福、愉快。

夢見家裡有人想刺殺自己，兇手會成為繼承人。

夢見有人控告自己犯了殺人罪，會揚名天下。

夢見扼殺敵人，災難會降臨。

植物篇

183

動物篇

197

人物篇

219

鬼神篇

238

生命篇

252

 ## 夢見葬禮意味著什麼

夢見自己參加葬禮追思死者，表示有懷孕的可能，也有可能是近親中有人即將生小孩。

夢見葬禮，表示將會散盡錢財或破大財。

夢見自己死亡的葬禮，是吉祥的好兆頭。

夢見火葬，表示會有期待了很久的好事到來。

 ## 夢見陰間與地獄意味著什麼

陰間

可能代表絕望，應該找心理醫生諮詢，緩解心理壓力。

有時也可能是好事，它象徵著為了讓你的人格更完善，舊的「必須死掉」。確切的瞭解這個夢的意義，要看你在陰間的遭遇。如果你在那裡見到了光亮，那麼這是較好的象徵，象徵你能發現你的潛意識。

陰間還代表埋在記憶深處的東西，如果夢見在陰間見到一位已故的親友，這代表你想念著他，或者代表你的一種舊的情感或習慣的復活。

老年人夢見陰間，有時是出於對死亡的擔心。在醒來後，老人還可能會爲這個夢擔心，感覺自己真的去了一次陰間一樣。如果老人家講到這類的夢，應加以安慰，向他們說明這夢沒有什麼不好的預兆。

　　地獄

　　夢見自己進了地獄，表示死到臨頭。

　　夢見自己被趕出地獄，表示會避免一場人身傷亡事故。

　　夢見在地獄裡見到朋友，表示自己和在世的朋友生活會很幸福。

為你開啟知識的殿堂
一篇篇精彩故事，都讓你拍案叫絕、讚嘆不已

清晨遇見福爾摩斯

凌晨兩點，伴隨一聲痛苦的吼叫，
烏得曼里發生了一起慘案：
退休的船長被魚叉戳死在小木屋的牆板上。
現場留有一個海豹皮煙袋，
地上掉有一本記載著大筆值錢證券資訊的筆記本。
這些證據會指向誰呢？

深夜遇見福爾摩斯

五年前一場與女歌手的浪漫邂逅，
此刻讓波希米亞國王面臨著嚴重的醜聞危機，
因為女歌手留著一張與國王的親密合照。
福爾摩斯的任務是，在照片曝光之前取回它……

深夜遇見狄更斯

臥室的鈴鐺突然響了起來，
緊接著，屋子裡所有房間的鈴鐺都響了起來，
地窖裡也傳來鐵鍊在地上拖動的聲音，

斯克魯吉順著鐵鍊看去，竟看見了……

i-smart

智學堂

智慧是學習的殿堂

★ 親愛的顧客您好，感謝您購買　　　　　　　　　　這本書！

為了提供您更好的服務品質，煩請填寫下列回函資料，
您的回信是我們的動力、也是鼓勵，
您的意見與建議是我們不斷進步的目標，
智學堂文化感謝您的支持！
我們不定期會將優惠活動的訊息通知您。

您也可以使用以下傳真電話或是掃描圖檔寄回本公司電子信箱，謝謝！

傳真電話：　　　　　　　　　　　電子信箱：

（02）8647-3660　　　　　　　　yungjiuh@ms45.hinet.net

姓名：＿＿＿＿＿＿＿＿ ○先生　電話：＿＿＿＿＿＿＿＿
　　　　　　　　　　　　 ○小姐

地址：＿＿＿＿＿＿＿＿＿＿＿＿＿＿＿＿＿＿＿＿＿＿

E-mail：＿＿＿＿＿＿＿＿＿＿＿＿＿＿＿＿＿＿＿＿＿

職　　業：○學生　○大眾傳播　○自由業　○資訊業　○金融業　○服務業　○教職
　　　　　○軍警　○製造業　○公職　○其他 ＿＿＿＿＿＿＿＿＿＿＿

教育程度：○高中以下（含高中）　○大學、專科　○研究所以上

您對本書的意見：☆內容　　　　　○符合期待　○普通　○尚改進　○不符合期待
　　　　　　　　☆排版　　　　　○符合期待　○普通　○尚改進　○不符合期待
　　　　　　　　☆文字則讀　　　○符合期待　○普通　○尚改進　○不符合期待
　　　　　　　　☆封面設計　　　○符合期待　○普通　○尚改進　○不符合期待
　　　　　　　　☆印刷品質　　　○符合期待　○普通　○尚改進　○不符合期待

您的建議：